Rick Hanson

Rick Hanson

**So entwickeln Sie
das Gehirn eines Buddha**

Übersetzt von Mike Kauschke

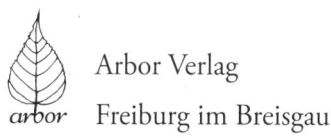

Arbor Verlag

Freiburg im Breisgau

Für Jan – meine unglaubliche, atemberaubende, kostbare Frau

© 2011 by Rick Hanson
© 2012 der deutschen Ausgabe: Arbor Verlag GmbH, Freiburg
by arrangement with New Harbinger Publications, Inc.
Die Originalausgabe erschien unter dem Titel:
Just one thing: developing a Buddha brain one simple practice at a time
Alle Rechte vorbehalten
2. Auflage 2013
Buddhabild auf dem Cover: © 2012 Brijesh Bolar
(In einer Bearbeitung von hanciong)
Lektorat: Lothar Scholl-Röse
Druck und Bindung: Kösel, Krugzell
Hergestellt von mediengenossen.de
Dieses Buch wurde auf 100 % Altpapier gedruckt
und ist alterungsbeständig.
Weitere Informationen über unser Umweltengagement
finden Sie unter www.arbor-verlag.de/umwelt.
www.arbor-verlag.de
ISBN 978-3-86781-059-3

Inhalt

Einleitung

Nutze deinen Geist, um dein
Gehirn zu verändern

4.Teil Begegne der Welt

5.Teil Sei im Frieden

Einleitung

Nutze deinen Geist, um dein Gehirn zu verändern

Dies ist ein Übungsbuch – es vermittelt kleine Praktiken, die du routinemäßig vor allem in deinem Geist üben kannst. Sie werden dein Empfinden von Sicherheit und Selbstwert, Resilienz, Effektivität, Wohlbefinden, Einsicht und innerem Frieden unterstützen und verstärken. Dazu gehören beispielsweise Übungen wie: *Nimm das Gute in dich auf*, *Schütze dein Gehirn*, *Fühle dich sicherer*, *Lass die Angst vor Unvollkommenheit los*, *Wisse nicht*, *Genieße deine Hände*, *Nimm Zuflucht* und *Fülle das Loch in deinem Herzen*.

Auf den ersten Blick unterschätzt du vielleicht die Kraft dieser scheinbar einfachen Übungen. Aber durch etwas, das als *erfahrungsabhängige Neuroplastizität* bezeichnet wird, werden sie nach und nach dein Gehirn verändern.

Was du in jedem Moment wahrnimmst – Klänge, Empfindungen, Gedanken oder deine tiefsten Sehnsüchte –, basiert auf neuronalen Aktivitäten. Das trifft auch auf unbewusste mentale Prozesse zu, wie die Bildung von Erinnerung oder die Kontrolle des Atems. Wie das physische Gehirn das nicht-physische Bewusstsein erzeugt, ist weiterhin ein großes Geheimnis. Aber neben dem möglichen Einfluss transzendentaler Faktoren – ob wir sie Gott, GEIST, den Urgrund nennen oder ihnen gar keinen Namen geben – gibt es eine direkte Verbindung zwischen mentalen und neuralen Aktivitäten.

Und diese Verbindung geht in beide Richtungen: Wenn sich unser Gehirn verändert, verändert sich auch unser Geist; und wenn sich unser Geist verändert, verändert sich auch unser Gehirn. Das bedeutet – erstaunlicherweise –, dass das, worauf wir unsere Aufmerksamkeit richten, was wir denken und fühlen und wollen, und wie wir mit unseren Reaktionen auf Situationen und Ereignisse umgehen, in mehrfacher Weise unser Gehirn formt:

- Aktive Regionen erhalten mehr Blutzufluss, weil sie mehr Sauerstoff und Glukose brauchen.

- Die Gene in den Neuronen werden schwächer oder stärker aktiviert. Ein Beispiel: Menschen, die regelmäßig entspannen, zeigen eine verstärkte Aktivität der Gene, die Stressreaktionen beruhigen, dadurch erhöht sich die Resilienz dieser Menschen (Dusek et al., 2008).

- Neurale Verbindungen, die relativ inaktiv sind, verschwinden nach und nach; das ist eine Art neuraler Darwinismus, das Überleben des Beschäftigten: Nutze es oder verliere es.

- „Neuronen, die zusammen aktiviert werden, vernetzen sich." Dieser Spruch aus der Arbeit des Psychologen Donald Hebb bedeutet, dass aktive Synapsen – die Verbindungen zwischen den Neuronen – sensibler werden und dass neue Synapsen wachsen und dickere neurale Schichten bilden. Taxifahrer beispielsweise, die das Spaghetti-Gewirr der Straßen Londons auswendig kennen müssen, haben zum Ende ihrer Ausbildung einen dickeren *Hippocampus* – ein Teil des Gehirns, der für die visuell-räumliche Erinnerung zuständig ist (Maguire et al., 2000). In gleicher Weise entwickeln Menschen, die regelmäßig Achtsamkeit praktizieren, eine dickere Schicht von Neuronen in der *Insula* – eine Region, die aktiviert wird, wenn wir uns mit unserem Körper und unseren Gefühlen verbinden – und in Teilen des *präfrontalen Kortex* (an der Vorderseite des Gehirns), die die Aufmerksamkeit kontrollieren (Lazar et al., 2005).

Die Einzelheiten sind komplex, aber die grundlegende Aussage ist einfach: *Wie du deinen Geist benutzt, wird dein Gehirn verändern* – zum Guten oder zum Schlechten.

Es gibt einen Satz, der besagt, dass der Geist die Form annimmt, die seine Grundlage bildet. Die moderne Formulierung ist: Das *Gehirn* nimmt die Form an, die die Grundlage des Geistes bildet. Wenn wir unseren Geist beispielsweise auf Sorgen, Selbstkritik und Wut gründen, dann wird unser Gehirn nach und nach genau diese Form annehmen und neurale Strukturen und Dynamiken entwickeln, die Angst, geringes Selbstwertgefühl und gereizte Reaktionen auf andere zum Ausdruck bringen. Wenn wir unseren Geist andererseits regelmäßig in der Wahrnehmung verwurzeln, dass *wir gut sind, so wie wir sind,* dass *wir das Gute in uns selbst sehen* und dass wir *loslassen* können – drei der Übungen dieses Buches –, dann wird unser Gehirn nach und nach die Form von ruhiger Stärke, Selbstvertrauen und innerem Frieden annehmen.

Wir können das Gehirn nicht daran hindern, dass es sich verändert. Die Frage ist nur: Sind es die Veränderungen, die du möchtest?

Die Praxis ist der Weg

Hier kommt die Praxis ins Spiel, was einfach bedeutet, regelmäßig etwas zu tun – in Gedanken, Worten oder Taten –, um positive Qualitäten in dir zu verstärken und negative Eigenschaften zu schwächen. Studien haben beispielsweise gezeigt, dass das *Achtsam sein* (22. Kapitel) die Aktivität des linken präfrontalen Kortex steigert und dadurch die Stimmung anhebt (weil dieser Teil des Gehirns die negativen Emotionen bremst) (Davidson, 2004). Achtsamkeit verringert zudem die Aktivität der *Amygdala,* der Alarmglocke des Gehirns (Stein, Ilves-Deliperi und Thomas, 2008). In gleicher Weise unterstützt das *Selbstmitgefühl* (3. Kapitel) die Bildung von Resilienz und verringert negatives Grübeln (Leary et al., 2007; Neff, 2009).

Die Praxis zupft im Garten deines Geistes das Wildkraut und pflanzt Blumen – und das geschieht somit auch im Gehirn. Dadurch verschönert sich dein Garten und du wirst zu einem besseren Gärtner: Du kannst deine Aufmerksamkeit besser ausrichten, klarer denken, besser mit deinen Gefühlen umgehen, dich motivieren, du wirst widerstandsfähiger und fährst sicher auf der Achterbahn des Lebens.

Die Praxis hat auch Wirkungen, die über den Wert der bestimmten Praxis, mit der du dich gerade beschäftigst, hinausgehen. Jede Praxis ist beispielsweise ein Akt der Güte gegenüber dir selbst, du behandelst dich selbst so, als wärest du wichtig – was besonders wirkungsvoll und heilsam ist, wenn du als Kind oder Erwachsener das Gefühl hattest, dass andere dich nicht respektiert und sich nicht um dich gekümmert haben. Zudem bist du aktiv statt passiv – das steigert den Optimismus, die Resilienz und das Glück und verringert das Risiko für Depression. In Zeiten, in denen sich Menschen von äußeren Kräften – finanzielle Schwierigkeiten, Handlungen anderer oder Ereignisse in der Welt – und ihren Reaktionen darauf unter Druck gesetzt fühlen, ist es hilfreich, zumindest einen Teil im Leben zu haben, in dem du dich wie der Hammer und nicht wie der Nagel fühlst.

Die Praxis ist letztendlich ein Prozess der persönlichen Transformation, der nach und nach die Wurzeln der Gier, des Hasses, des Kummers und der Täuschung – im weitesten Sinne – entfernt und sie durch Zufriedenheit, Frieden, Liebe und Klarheit ersetzt. Manchmal fühlt sich das so an, als würdest du dich innerlich verändern, und manchmal hast du das Gefühl, dass du einfach nur die wunderbaren, schönen Dinge entdeckst, die immer schon da waren, wie deine natürliche Wachheit, deine Güte und dein liebendes Herz.

Wie dem auch sei, du begibst dich damit in einen Prozess, in dem du etwas entwickelst, was man als „Gehirn eines Buddha" bezeichnen kann – ein

Gehirn, das die Ursachen und das Ende des Leidens zutiefst versteht. Die Wurzel des Wortes „Buddha" bedeutet immerhin „zu wissen, zu erwachen". (Ich möchte anmerken, dass ich hier den Begriff „Buddha" als eine allgemeine Metapher verwende, die sich nicht ausschließlich auf den großen Lehrer Buddha Shākyamuni bezieht.) In diesem umfassenden Sinne entwickelt jeder, der sich dem psychologischen Wachstum oder einer spirituellen Praxis widmet – sei er oder sie nun Christ, Jude, Muslim, Hindu, Agnostiker, Atheist oder nichts von alledem –, das Gehirn eines Buddha und die damit verbundenen Qualitäten des Mitgefühls, der Tugend, der Achtsamkeit und Weisheit.

Das Gesetz der kleinen Dinge

Wenn die Praxis sehr umständlich ist, werden die meisten Menschen (ich eingeschlossen) darauf verzichten. Deshalb konzentrieren sich die Übungen in diesem Buch auf kurze Handlungen über den Tag verteilt – wie *Finde Schönheit* (17. Kapitel) – oder einfach eine allgemeine Haltung oder Perspektive wie *Lass die Angst vor Unvollkommenheit los* (46. Kapitel) oder *Nimm es nicht persönlich* (48. Kapitel).

Jeder Moment der Praxis allein ist meist sehr kurz, aber diese Momente summieren sich. Das ist das Gesetz der kleinen Dinge: Mentale Aktivitäten können langsam kumulieren und zu Veränderungen der neuralen Struktur führen. Deshalb können viele kleine Dinge dein Wohlbefinden verringern – und viele kleine Dinge können die Lage wieder verbessern. Es ist wie beim Sport: Wenn du einmal läufst, Pilates übst oder Gewichte hebst, wirst du nicht gleich eine Veränderung bemerken – aber mit der Zeit wirst du Muskeln aufbauen. In gleicher Weise werden kleine regelmäßige Übungen nach und nach den „Muskel" deines Gehirns aufbauen. Basierend auf der neuesten Hirnforschung kannst du wirklich darauf vertrauen, dass sich die Praxis auszahlen wird.

Zur Verwendung dieses Buches

Aber du musst dranbleiben, deshalb ist es hilfreich, wenn du dich auf eine Praxis konzentrierst. Das Leben ist heute so geschäftig, es ist eine Erleichterung, wenn wir nur an *eine Sache* denken können.

Es muss natürlich die richtige „eine Sache" sein. Seit 40 Jahren praktiziere ich verschiedene Übungen – zuerst als junger Mann auf der Suche nach Glück, dann als Ehemann und Vater, der mit den Anforderungen von Arbeit und Familie umgehen musste und heute als Neuropsychologe und Meditationslehrer – und lehre Meditation. Für dieses Buch habe ich die besten Übungen, die ich kenne, ausgewählt, und von denen ich weiß, dass sie die neuralen Substrate – die Grundlagen – von Resilienz, Erfülltheit, Wohlbefinden und innerem Frieden bilden. Keine dieser Übungen habe ich erfunden: Es sind die Grundhaltungen, auf denen unsere guten Vorsätze für das neue Jahr aufbauen, die wir aber nur selten auch umsetzen – aber es ist das *Tun*, das hier den Unterschied macht.

Du kannst diese Übungen in verschiedener Weise praktizieren. Erstens, du kannst eine bestimmte Praxis finden, die dir besonders hilft. Zweitens, du kannst dich auf die Übungen in einem Abschnitt des Buches konzentrieren, die sich auf bestimmte Bedürfnisse richten. Wenn du zum Beispiel sehr selbstkritisch bist, hilft dir vielleicht der erste Teil, in dem es darum geht, gut mit dir selbst umzugehen. Oder wenn du ängstlich und leicht reizbar bist, hilft dir möglicherweise der fünfte Teil über inneren Frieden. Drittens, du kannst dich auch von Praxis zu Praxis bewegen und davon leiten lassen, was dich anzieht und was dir momentan am ehesten helfen könnte. Viertens, du könntest jeder dieser Übungen eine Woche widmen und dir selbst ein transformatives „Jahr der Praxis" schenken.

Welchen Ansatz du auch wählst, meine Empfehlung ist, dass du auf Einfachheit achtest und dich jedes Mal auf eine Praxis konzentrierst – ob es nun in einer bestimmten Situation (z. B. ein schwieriges Gespräch mit deinem Partner, ein wichtiges Projekt im Büro, eine Meditation), einen ganzen Tag oder länger ist. Und in deinem Hinterkopf können natürlich die anderen Übungen wirken: *Nimm es nicht persönlich* (48. Kapitel) könnte beispielsweise im Vordergrund deines Gewahrseins stehen und *Nimm Zuflucht* (28. Kapitel) im Hintergrund.

Wenn du jeden Tag praktizierst, dann wirst du umso mehr von der Übung profitieren, je länger du sie im Gewahrsein hältst. Du kannst im Laufe des Tages immer wieder an die Praxis denken, oder um deinen Geist noch mehr darauf zu gründen, kannst du dir kleine Erinnerungen geben – wie ein Schlüsselwort auf einem Post-it. Du könntest auch Tagebuch darüber führen oder einem Freund davon erzählen. Du kannst deine Praxis auch in psychologische oder spirituelle Aktivitäten einbringen, wie Psychotherapie, Yoga, Meditation oder Gebet.

Weil ich mich auf 52 Übungen beschränke, musste ich einige Entscheidungen treffen:

- Die Übungen sind sehr prägnant; über jede Praxis könnte viel mehr gesagt werden. Der Titel jedes Kapitels ist die Praxis. Die Kapitel beginnen mit einer Erklärung, warum man diese Praxis üben sollte. Dann wird beschrieben, wie man sie übt. Die Länge der Kapitel variiert je nach dem Thema.

- Mit Ausnahme der letzten Übung habe ich mich auf Handlungen konzentriert, die wir mit uns selbst tun können – wie *Sei dankbar* (18. Kapitel) –, es geht weniger um etwas, das wir mit anderen tun können. (Wenn du dich für interpersonelle Übungen im Stil von *Just 1 Thing* interessierst, könnte dich mein kostenfreier E-Mail-Newsletter interessieren, den du auf www.RickHanson.net bestellen kannst.) In der Zwischenzeit kannst du die Übungen dieses Buches in einer Beziehung oder mehreren Beziehungen anwenden oder sie mit einem Freund, Partner oder in einer Gruppe (Familie, Team, Lesegruppe) üben.

- Bei den meisten Übungen geht es um ein Handeln im eigenen Geist – aber es ist natürlich auch wichtig, im Körper und in der Welt um uns zu handeln.

- In der psychologischen und spirituellen Entwicklung gibt es drei grundlegende Phasen: mit schwierigen Erfahrungen (z. B. alte Wunden, Wut) *sein;* diese Erfahrungen und Erinnerungen *loslassen;* und sie durch etwas Positives und Heilsames *ersetzen*. Kurz gesagt: Seinlassen, Loslassen und Einlassen. In diesem Buch finden sich Übungen für jede dieser Phasen, wobei ich mich auf die dritte Phase konzentriert habe, weil dies oft der direkte und schnellste Weg ist, um Stress und Unglücklichsein zu verringern und positive Qualitäten in sich zu entwickeln.

• Obwohl es meine Erfahrung und meine Überzeugung ist, dass in Geist und Materie auch etwas Transzendentes wirkt, bleibe ich in diesem Buch im Rahmen der westlichen Wissenschaft.

Diese Übungen sollen aber auch Spaß machen. Wir sollten die Praxis (und uns selbst) nicht zu ernst nehmen. Wir können kreativ sein und die Übungen an unsere eigenen Bedürfnisse anpassen. Die Abschnitte über das *Wie* enthalten meist mehrere Empfehlungen und wir müssen nicht alle davon anwenden; wir können einfach die aussuchen, die uns am meisten nützen.

Und das Wichtigste: Geh gut mit dir selbst um. Manchmal wird es zu schwierig sein, eine Praxis über längere Zeit regelmäßig zu üben oder sie wird schmerzvolle Erinnerungen aufwirbeln. Dann sollten wir die Praxis für eine gewisse Zeit – oder endgültig – loslassen. Für die Übungen können wir aus unseren eigenen Ressourcen schöpfen: Wenn wir beispielsweise das Gefühl haben, dass sich andere um uns kümmern, können wir uns leichter *vergeben* (7. Kapitel). Und wichtig ist auch, dass die Praxis kein Ersatz für professionelle Psychotherapie oder medizinische Behandlung ist.

Geh weiter

Wir wissen, dass wir uns über längere Zeit anstrengen müssen, wenn wir uns in einer Tätigkeit verbessern wollen – z. B. einen Lastwagen fahren, eine Abteilung leiten oder Tennis spielen. Aber oft denken wir, dass ein besserer Umgang mit unserem eigenen Geist irgendwie leichter und natürlicher ist und dass wir dazu keine Anstrengung machen und nichts lernen müssen.

Aber weil der Geist in der Biologie und im Körper gründet, gelten hier die gleichen Gesetze: Je mehr Aufmerksamkeit wir geben, desto mehr bekommen wir zurück. Um die positiven Veränderungen der Praxis zu erfahren, müssen wir sie *üben* – und damit weitermachen.

Wie ich schon erwähnt habe, es ist wie beim Sport: Wenn du sporadisch trainierst, erlebst du nur eine schwache Verbesserung, wenn du regelmäßig trainierst, erfährst du eine starke Verbesserung. Manchmal höre ich Menschen sagen, dass es leicht wäre, sich im eigenen Geist anzustrengen, aber in Wirklichkeit kommt es dabei auf Entschlossenheit und Ausdauer an – und manchmal ist es sehr herausfordernd und unangenehm. Praxis ist nichts für Feiglinge. Wir müssen uns die positiven Wirkungen *verdienen*.

Es ist wichtig, dass wir uns für unsere Praxis wertschätzen. Das Üben ist zwar bodenständig und gewöhnlich, aber eben auch ambitioniert und tiefgründig. In der Praxis nähren wir das Beste in uns – wir verbinden uns damit und legen es frei. Wir begeben uns auf einen anspruchsvollen Weg, es ist nicht der Weg des geringsten Widerstands. Dazu brauchen wir Ernsthaftigkeit, Entschlossenheit und Mut. Wir zähmen und klären den unruhigen, ungehorsamen Geist – und den Dschungel des Gehirns, mit seinen Ebenen, die bis zu den Reptilien, Säugetieren und Primaten zurückgehen. Dadurch überreichen wir unserem zukünftigen Selbst ein wunderbares Geschenk – dem Wesen in der Welt, über das wir die größte Macht haben und für das wir damit auch die umfassendste Verantwortung tragen. Und die Früchte der Praxis werden im Außen immer größere Kreise ziehen und anderen – bekannten und unbekannten – Wesen zugutekommen. Zweifle nie an der Kraft der Praxis oder wie weit dich dein Praxisweg bringen kann.

Ich wünsche dir alles Gute auf deinem Weg!

1. Teil

Sei gut zu dir selbst

1

Sei für dich selbst da

Um Schritte zu unserem eigenen Wohlbefinden zu gehen – Schritte, wie die Übungen in diesem Buch –, müssen wir auf unserer Seite sein. Das heißt nicht, dass wir gegen andere sind, sondern *für* uns.

Für viele Menschen ist das schwerer, als es scheint. Vielleicht wurde uns bei der Erziehung vermittelt, dass wir nicht so viel zählen wie andere Menschen. Oder wenn wir für uns einstehen wollten, wurden wir daran gehindert oder kleingemacht. Vielleicht spürst du irgendwo tief drinnen, dass du es nicht verdienst, glücklich zu sein.

Denk daran, wie es ist, für jemanden ein guter Freund zu sein. Und dann frage dich: Bin ich *mir selbst* ein Freund?

Wenn wir die Frage mit Nein beantworten, dann könnte es sein, dass wir zu selbstkritisch sind und zu schnell denken, wir hätten Fehler gemacht. Vielleicht achten wir zu wenig auf die Dinge, die wir jeden Tag erfolgreich tun. Oder wir schützen uns nur halbherzig vor der falschen Behandlung durch andere und sagen anderen kaum, was wir wirklich brauchen. Oder wir sind unserem eigenen Schmerz gegenüber gleichgültig geworden und tun nicht genug dafür – sowohl im Kopf als auch in der Welt –, um unser Leben zu verbessern.

Und: Wie können wir anderen helfen, wenn wir nicht damit anfangen, uns selbst zu helfen?

Die Grundlage jeder Praxis ist, dass wir uns selbst Gutes wünschen und dass uns unsere Sorgen und Bedürfnisse und Träume wichtig sind. Dann wird in allem, was wir für uns selbst tun, eine tiefe Kraft sein!

So geht's

Frage dich mehrere Male am Tag: Bin ich jetzt auf meiner Seite? Achte ich auf meine eigenen Interessen? (Die oft auch das Beste für andere bedeuten.)

Es gibt besonders gute Zeiten dafür:

- Wenn du dich schlecht fühlst (z. B. traurig, verletzt, besorgt, enttäuscht, falsch behandelt, frustriert, gestresst oder gereizt).

- Wenn jemand dich drängt, etwas zu tun.

- Wenn du weißt, dass du etwas um deiner selbst willen tun solltest, aber es nicht tust (wie deine Meinung sagen, nach einem neuen Job suchen oder mit dem Rauchen aufhören).

Während dieser Zeiten oder auch sonst kannst du Folgendes tun:

- Werde dir des Gefühls bewusst, dass sich jemand um dich sorgt. Dadurch kannst du spüren, dass du wichtig und wertvoll bist, und das ist die Grundlage, um für dich selbst da zu sein.

- Erinnere dich daran, wie es sich anfühlt, für jemanden da zu sein. Vielleicht für ein Kind, ein Haustier oder einen guten Freund. Achte auf verschiedene Aspekte dieser Erfahrung, wie Treue, Fürsorge, Wärme, Entschlossenheit oder Fürsprache. Lass das Gefühl, auf der Seite eines anderen Menschen zu sein, in deinem Gewahrsein wachsen. Nimm in deinem Körper eine Haltung der Unterstützung und Fürsprache ein: Vielleicht stehst oder sitzt du etwas aufrechter, die Brust etwas nach vorn geneigt, die Augen sind fokussierter. Du verstärkst die Erfahrung, für jemanden da zu sein, indem du auf das Wissen des Körpers und die sensomotorischen Systeme des Gehirns zurückgreifst, die deinen Gedanken und Gefühlen zugrunde liegen.

- Erinnere dich an eine Zeit, in der du stark, energetisch, unerschütterlich oder kraftvoll sein musstest, um für dich selbst einzustehen. Es kann etwas Einfaches sein, wie die letzten Minuten einer Übung, wo du alle Willenskraft aufbringen musstest, um die Übung zu beenden. Es könnte ein Moment sein, in dem du vor einer ernsten Gefahr fliehen musstest oder dich gegen einen einschüchternden Menschen wehren musstest oder mit letzter Kraft ein herausforderndes Projekt in der Schule oder am Arbeitsplatz abschließen musstest. Wie schon in dem vorhergehenden Punkt angemerkt, öffne dich dieser Erfahrung und nimm wirklich die entsprechende Körperhaltung ein. Dadurch werden die zugrunde liegenden neuralen Netzwerke stimuliert und verstärkt.

- Sieh dich selbst als kleines Kind – ungeschützt, verletzlich, kostbar – und gib diesem kleinen Jungen oder Mädchen die gleiche Haltung der Treue, Stärke und Fürsorge. (Du könntest ein Bild von dir als Kind nehmen und es in deiner Brieftasche oder Handtasche tragen und es von Zeit zu Zeit anschauen.)

- Stell dir vor, du würdest heute die gleiche Haltung der Treue, Stärke und Fürsorge gegenüber dir selbst einnehmen.

- Beobachte achtsam, wie es sich in deinem Körper anfühlt, auf deiner eigenen Seite zu stehen. Öffne dich diesem Gefühl so tief wie möglich. Unterstütze dieses Gefühl, achte auf jeden Widerstand dagegen und lass ihn los.

- Frage dich: *Was sollte ich jetzt tun, wenn ich auf meiner eigenen Seite stehe?*

- Und dann tu es, so gut du kannst.

Beachte:

- Für dich selbst da sein bedeutet, dass du für dich selbst sorgst. Du möchtest dich glücklich fühlen statt besorgt, traurig, schuldig oder wütend. Du möchtest, dass dich andere Menschen gut behandeln und dir nicht wehtun. Du möchtest deinem zukünftigen Selbst helfen – der Mensch, der du in der nächsten Woche, im nächsten Jahr, im nächsten Jahrzehnt sein wirst –, ein möglichst gutes Leben zu erfahren.

- Deine Erfahrung ist *wichtig,* sowohl für die Erfahrung des Lebens in jedem Moment als auch wegen der langfristigen Spuren, die deine Gedanken und Gefühle in den Strukturen deines Gehirns hinterlassen.

- Es ist ethisch richtig, andere Menschen mit Anstand, Respekt, Mitgefühl und Freundlichkeit zu behandeln. Aber zu diesen „Menschen" gehörst auch du! Du hast genau die gleichen Rechte wie jeder andere Mensch und deine Bedürfnisse und Träume sind genauso wichtig.

- Wenn du dich gut um dich selbst kümmerst, dann kannst du anderen mehr geben, angefangen von den Menschen, die dir nahe sind, bis zur großen weiten Welt.

2

Nimm das Gute in dich auf

Wissenschaftler haben herausgefunden, dass unser Gehirn von Natur aus eine *Vorliebe für das Negative* hat (Baumeister et al., 2001; Rozin und Royzman, 2001). Mit anderen Worten, während wir uns im Verlauf von Millionen Jahren in der Evolution entwickelten und dabei versuchten, Stöcken auszuweichen und Karotten zu bekommen, war es viel wichtiger, die Stöcke zu bemerken, darauf zu reagieren und sich an sie zu erinnern, als auf die Karotten zu reagieren.

Die Vorliebe für das Negative zeigt sich in vielen Formen. Studien haben zum Beispiel Folgendes herausgefunden:

- Das Gehirn reagiert im Allgemeinen stärker auf einen negativen Stimulus als auf einen gleichermaßen intensiven positiven Stimulus (Baumeister et al., 2000).

- Tiere – wir eingeschlossen – lernen typischerweise mehr aus Schmerz als aus Freude (Rozin und Royzman, 2001); wenn du dich einmal verbrannt hast, bist du doppelt vorsichtig.

- Schmerzvolle Erfahrungen werden viel leichter erinnert als erfreuliche (Baumeister et al., 2000).

- Menschen werden viel härter arbeiten, um zu vermeiden, dass sie etwas verlieren, als dafür zu arbeiten, die gleiche Sache zu bekommen (Rozin und Royzman, 2001).

- In einer Beziehung braucht es im Allgemeinen fünf positive Interaktionen, um eine negative Interaktion auszugleichen (Gottman, 1995).

5 positive → 1 neg. ausgleichen

In deinen eigenen Gedanken: Woran erinnerst du dich am Ende eines Tages? Die fünfzig Dinge, die gut gegangen sind, oder die eine Sache, die schlecht gelaufen ist? Wie der Typ, der dir im Verkehr die Spur abgeschnitten hat, was du gegenüber einem Kollegen gern anders gesagt hättest, oder eine große Sache auf deiner *To-do*-Liste, die du nicht erledigt hast …

Im Grunde *ist das Gehirn wie ein Magnet für negative Erfahrungen und wie Teflon für positive Erfahrungen.* Das färbt die *implizite Erinnerung* – deine zugrunde liegenden Erwartungen, Glaubenssätze, Handlungsstrategien und Stimmungen – in einer zunehmend negativen Richtung.

Und das ist einfach nicht gerecht, weil wahrscheinlich die meisten Tatsachen in deinem Leben positiv oder neutral sind. Neben der blanken Ungerechtigkeit macht das Ansammeln von großen Bergen negativer Erfahrungen in der impliziten Erinnerung einen Menschen furchtsamer, gereizter und depressiv. Zudem wird es schwerer, gegenüber anderen geduldig und großzügig zu sein.

Aber wir müssen diese Vorliebe nicht akzeptieren! Indem wir uns dem Guten *zuwenden* – „gut" im praktischen Sinne, also das, was uns mehr Glück bringt und anderen hilft –, gleichen wir nur das Spiel aus. Und wenn wir uns nun so dem Empfangen des Guten zuwenden, werden positive Erfahrungen nicht mehr durch uns hindurchfließen, wie Wasser durch ein Sieb, sondern sie werden tief im Gehirn Teil der impliziten Erinnerung.

Du siehst weiterhin die schwierigen Bereiche des Lebens. In der Tat wird es dir besser gelingen, sie zu verändern, wenn du dich dem Guten zuwendest. Denn das wird die Herausforderungen in einen größeren

Zusammenhang stellen, deine Energie und Begeisterung verstärken, nützliche Ressourcen betonen und deine eigene Tasse füllen, damit du anderen mehr geben kannst.

Zusätzlich dazu, dass dieser Ansatz gut für Erwachsene ist, ist er auch für Kinder hervorragend geeignet und kann ihnen helfen, widerstandsfähiger und glücklicher zu werden und ihr Selbstvertrauen zu verstärken.

So geht's

1. Suche nach guten Tatsachen und mache sie zu guten Erfahrungen. → gut fühlen

Zu den guten Tatsachen gehören positive Ereignisse – wie das Abarbeiten einer Reihe von E-Mails oder ein unerwartetes Kompliment – und positive Aspekte der Welt und von dir selbst. Die meisten guten Dinge sind gewöhnlich und relativ klein, aber dennoch real. Wir betrachten die Welt nicht durch eine rosarote Brille, sondern erkennen einfach etwas, das tatsächlich wahr ist.

Wenn wir etwas Gutes bemerken – entweder etwas, das gegenwärtig existiert oder etwas, das in der Vergangenheit geschehen ist –, dann sollten wir uns auch gut *fühlen*. Oft im Leben geschieht etwas Gutes – die Blumen blühen, jemand ist freundlich zu uns, ein Ziel wurde erreicht –, und wir wissen es, aber wir fühlen es nicht. Lass dich dieses Mal wirklich vom Guten berühren.

Versuche diesen Schritt und die beiden noch folgenden mindestens ein halbes Dutzend Mal am Tag zu machen. Dafür brauchst du in der Regel nur eine halbe Minute – es gibt immer einen Moment Zeit, um das Gute aufzunehmen! Du kannst es mitten in den alltäglichen Aktivitäten tun oder in besonderen Zeiten der Reflexion, wie kurz vor dem Einschlafen (wenn das Gehirn besonders empfänglich ist, um neu Erlerntes aufzunehmen).

Achte auf jeden Widerwillen dagegen, positive Erfahrungen zu machen. Wie der Gedanke, dass du es nicht verdienst oder dass es selbstbezogen, eitel oder sogar schändlich ist, Freude zu spüren. Oder dass du, wenn du dich gut fühlst, deinen Schutz auflockern wirst und schlimme Dinge geschehen lässt.

Wende deine Aufmerksamkeit wieder den guten Nachrichten zu. Öffne dich dem Guten, atme, entspanne dich, lass die guten Tatsachen ihre Wirkung in dir hinterlassen. Es ist so, als würdest du dich zu einer Mahlzeit hinsetzen: Schau sie nicht nur an – koste sie!

2. Genieße die Erfahrung wirklich.

Meistens ist eine gute Erfahrung nur leicht spürbar, und das ist in Ordnung. Aber versuche, für 20 oder 30 Sekunden nacheinander dabeizubleiben – statt von etwas anderem abgelenkt zu werden.

Entspanne und öffne dich der Erfahrung, lass deinen Geist davon erfüllt sein, überlass die Erfahrung dem Körper. (Aus meditativer Sicht ist das eine Form der Konzentrationspraxis – für ein Dutzend Sekunden oder mehr –, während der du dich in eine positive Erfahrung vertiefst.) Je länger etwas in der Aufmerksamkeit gehalten wird und je stimulierender es emotional ist, desto mehr Neuronen werden aktiviert und vernetzen sich und desto stärker wird die Spur in der eigenen Erinnerung.

In dieser Praxis haftest du nicht an positiven Erfahrungen an, weil das ganz sicher zu Anspannung und Enttäuschung führen würde. In Wirklichkeit tust du genau das Gegenteil: Indem du die guten Erfahrungen aufnimmst, fühlst du dich innerlich erfüllt und nicht mehr so zerbrechlich und bedürftig. Dein Glück wird unbedingter, zunehmend in einer inneren Fülle gegründet und nicht von äußerlichen Bedingungen abhängig.

3. Entwickle die Absicht, dass die guten Erfahrungen in dich einsinken, und spüre sie.

Menschen haben dafür verschiedene Methoden. Einige spüren es in ihrem Körper wie ein warmes Glühen, das sich in ihrem Brustbereich ausbreitet, wie die Wärme einer Tasse heißer Schokolade an einem kalten Wintertag. Andere visualisieren Dinge wie goldenen Sirup, der in sie hineinfließt, gute Gefühle bringt, Orte der Verletzung tröstet und alte Löcher des Verlusts und der Sehnsucht füllt; ein Kind stellt sich vielleicht ein Juwel vor, das in die Schatzkiste seines Herzens gelegt wird. Einige wissen vielleicht einfach konzeptuell, dass die entsprechenden Neuronen aktiviert werden und sich mehr und mehr miteinander vernetzen, während diese gute Erfahrung im Gewahrsein gehalten wird.

Jedes Mal, wenn du das tust, wird es nur eine kleine Veränderung bewirken. Aber mit der Zeit werden sich diese kleinen Veränderungen ansammeln und nach und nach positive Erfahrungen in die Struktur deines Gehirns und deines Selbst weben.

Besonders wenn du die Übungen in diesem Buch praktizierst – oder dich auf einen Prozess der psychologischen Heilung und Einwicklung oder des spirituellen Wachstums einlässt –, solltest du wirklich die positiven Ergebnisse deiner eigenen Anstrengungen annehmen. Hilf ihnen, in deinen mentalen/neuralen Strukturen haften zu bleiben!

3

Sei mitfühlend mit dir selbst

Das Leben ist voller wunderbarer Erfahrungen. Aber es hat auch seine schwierigen Aspekte, wie zum Beispiel unangenehme körperliche oder mentale Erfahrungen, die von subtil bis unerträglich reichen können. Das ist allgemein gesagt der Bereich des Leidens.

Wenn jemand, der dir nahesteht, leidet, empfindest du natürlicherweise Mitgefühl: den Wunsch, dass ein Wesen nicht leidet, was gewöhnlich mit einem Gefühl empathischer Fürsorge verbunden ist. Wenn beispielsweise dein Kind hinfällt und sich wehtut, dann möchtest du, dass seine Schmerzen gelindert werden. Wenn du hörst, dass ein Freund im Krankenhaus liegt oder seine Arbeit verloren hat oder durch eine Scheidung geht, dann fühlst du mit ihm und hoffst, dass sich alles zum Guten wenden wird. Mitgefühl ist in unserer Natur: Sie ist ein wichtiger Aspekt der neuralen und psychologischen Systeme, die wir in der Evolution entwickelt haben, um uns um unsere Kinder zu kümmern, uns mit Partnern zu verbinden und „das Dorf, das man zum Aufziehen eines Kindes braucht", zusammenzuhalten (Goetz, Keltner und Simon-Thomas, 2010).

Wir können aber auch Mitgefühl für uns selbst empfinden – und das ist etwas anderes als Selbstmitleid. Wir erkennen einfach an, dass etwas schwer ist und wehtut. Und wir empfinden den gleichen warmherzigen Wunsch für die Linderung oder das Ende des Leidens, den wir jedem nahen Freund entgegenbringen würden, der mit dem gleichen Schmerz, der gleichen Wut oder den gleichen Herausforderungen wie wir zu kämpfen hat.

Studien haben gezeigt, dass Selbstmitgefühl viele positive Wirkungen hat (Leary et al., 2007; Neff, 2009), darunter:

- weniger Selbstkritik

- weniger Stresshormone, wie z. B. Cortisol

- mehr Selbsttröstung, Selbstbestärkung und andere Aspekte der Resilienz

- Hilfe bei der Heilung von mangelnder Fürsorge durch andere in der Kindheit

Das ist doch eine ziemlich gute Liste!

Für Selbstmitgefühl brauchen wir in der Regel nur ein paar Sekunden. Und dann können wir – zentrierter und herzlicher – weiterhin die Dinge tun, die unser Leben verbessern.

So geht's

Vielleicht hast du Schmerzen im Rücken oder du hattest einen schrecklichen Arbeitstag oder jemand hat dich unfair beschimpft. Oder du fühlst dich einfach richtig mies oder gar depressiv. Was immer es sein mag, etwas Selbstmitgefühl könnte helfen. Aber wie geht es?

Manche Menschen empfinden natürlicherweise Selbstmitgefühl (besonders Menschen mit einer behüteten Kindheit). Aber für viele von uns ist es nicht einfach, besonders diejenigen, die selbstkritisch, getrieben, stoisch sind oder denken, dass es selbstbezogen ist, wenn man sich um sich selbst kümmert.

Im Folgenden gebe ich einige Empfehlungen, um Selbstmitgefühl zu entwickeln, die du auch miteinander verbinden kannst, wenn es dir dadurch leichter fällt:

- Nimm dir einen Moment Zeit, um deine Schwierigkeiten, deine Herausforderungen und dein Leiden anzuerkennen.

- Ruf dir das Gefühl in Erinnerung, wenn du mit jemandem zusammen bist, von dem du *weißt*, dass du für ihn wichtig bist. Vielleicht ein guter Freund, ein Familienmitglied, ein Geistwesen, Gott ... selbst ein Haustier. Spüre, dass du diesem Wesen wichtig bist, das möchte, dass du dich gut fühlst und ein gutes Leben lebst.

- Ruf dir deine Schwierigkeiten ins Bewusstsein und stell dir vor, dass dieses Wesen, dem du wichtig bist, Mitgefühl empfindet und zum Ausdruck bringt. Stell dir seinen Gesichtsausdruck, seine Gesten, Haltung und seinen Umgang mit dir vor. Empfange dieses Mitgefühl, nimm die Wärme, Fürsorge und das Wohlwollen auf. Öffne dich dem Gefühl, verstanden und genährt zu werden und friedvoller und geerdeter zu sein. Die Erfahrung des *Empfangens* von Fürsorge beeinflusst Kreisläufe im Gehirn, die dafür sorgen, dass du Fürsorge *gibst*.

- Denk an jemanden für den du natürlicherweise Mitgefühl empfindest: vielleicht ein Kind oder ein Familienmitglied. Stell dir vor, wie du dich fühlen würdest, wenn er mit dem zurechtkommen

müsste, was jetzt für dich schwierig ist. Lass Empfindungen des Mitgefühls deinen Geist und Körper erfüllen. Erweitere sie zu der Person, vielleicht
visualisierst du sie in einer Art Licht, das von dir
ausstrahlt (vielleicht aus deinem Herzen). Achte
darauf, wie es ist, mitfühlend zu sein.

• Richte nun die gleiche Empfindung des Mitgefühls auf dich selbst. Vielleicht möchtest du sie
mit Worten wie diesen begleiten, die du sanft im
Hintergrund deines Geistes hörst: *Möge dieser
Schmerz vorübergehen, möge es mir besser gehen,
möge ich mich mit der Zeit nicht mehr so verärgert
fühlen.* Empfinde Wärme für dich selbst, erkenne deine Schwierigkeiten und Schmerzen an und
wünsche dir Besserung. Spüre, wie dieses Mitgefühl in dich einsinkt und ein Teil von dir wird
und dich stärkt.

4

Entspanne

Es ist heute so leicht, sich gestresst zu fühlen. Oder voller Sorgen, frustriert oder gereizt über irgendetwas zu sein, wie Geld, Arbeit, die Gesundheit eines Familienmitglieds oder eine Beziehung.

Wenn du gestresst oder verärgert wirst, dann spannt sich dein Körper an, um zu kämpfen, zu fliehen oder zu erstarren. So macht es Mutter Natur und die kurzfristigen Erfolge dieser Strategie erhielten unsere Vorfahren am Leben, so dass sie ihre Gene weitergeben konnten.

Aber heute, da wir 70, 80 oder noch mehr Jahre leben können und die Lebensqualität (und nicht das reine Überleben) die Priorität hat, zahlen wir einen hohen, langfristigen Preis für tägliche Anspannung. Sie führt zu Gesundheitsproblemen, wie Herzerkrankungen, Verdauungsproblemen, Rückenschmerzen und Kopfschmerzen und hormonellen Schwankungen. Und auch zu psychologischen Problemen, einschließlich Angst, Gereiztheit und Depression.

Der beste Weg, um Anspannung zu reduzieren, ist Entspannung. Neben den Vorteilen für die körperliche und mentale Gesundheit fühlt sich Entspannung einfach gut an. Erinnere dich einfach daran, wie gut es sich anfühlt in einem Whirlpool zu liegen, sich im Bett zu rekeln oder auf die Couch zu fallen, wenn das Geschirr abgewaschen ist.

Ob du im Stau stehst, dich durch ein überfließendes E-Mail-Postfach arbeitest oder ein schwieriges Gespräch führst, die Fähigkeit, deinen Körper willentlich zu entspannen, ist eine wichtige innere Fähigkeit.

So geht's

Im Folgenden gebe ich einige Möglichkeiten, um das *parasympathische Nervensystem* (PNS) der „Ruhe und Verdauung" zu aktivieren, das das *sympathische Nervensystem* von „Kampf-oder-Flucht" beruhigt:

- Fasern des PNS, die an der Verdauung beteiligt sind, befinden sich im Mund. Entspanne also die Zunge und die Kiefer; berühre vielleicht deine Lippen. (Wenn ich schlecht einschlafen kann, dann berühre ich manchmal meine Lippen mit den Fingerknöcheln, was einen tröstenden und beruhigenden Effekt hat.)

- Öffne leicht deine Lippen. Das kann stressvolles Denken verringern, weil Subvokalisierungen verringert werden – das sind die subtilen, unbewussten Bewegungen des Kiefers und der Zunge, die oft mit mentalem Sprechen einhergehen.

- Atme mehrere Male lang aus, denn das PNS ist für die Ausatmung zuständig. Zähle beispielsweise beim Einatmen bis drei und beim Ausatmen bis sechs.

- Atme für eine Minute oder länger so, dass die Einatmung und die Ausatmung gleich lang sind; zähle in Gedanken für jede Ein- und Ausatmung bis fünf. Das fördert kleine und sanfte Veränderungen in der Zwischenzeit zwischen den Herzschlägen – denn das Herz wird beim Einatmen etwas schneller und beim Ausatmen etwas langsamer –, was mit Entspannung und Wohlbefinden assoziiert ist (Kristal-Boneh et al., 1995).

- Entspanne das Zwerchfell – den Muskel unter der Lunge, der hilft, Luft in die Lungen zu saugen – lege dazu deine Hand auf den Bauch unter dem Brustkorb und dann versuche in einer Weise zu atmen, sodass deine Hand ungefähr

einen Zentimeter von der Wirbelsäule wegge-
drückt wird. (Das ist besonders hilfreich, wenn
du Angst empfindest.)

• Versuche diese Methoden in stressvollen Situationen oder jedes Mal, wenn du Sorgen hast oder
frustriert bist – es funktioniert wirklich! Nutze sie
auch „offline", wenn alles gut läuft; dazu kannst
du dir beispielsweise jeden Tag ein paar Minuten Zeit reservieren – vielleicht vor dem Schlafengehen –, um Entspannung zu üben. Der Ruhezustand deines Körper-Geistes wird friedvoller
werden und du verstärkst deine Resilienz, wenn
es ernst wird. Forscher haben zum Beispiel herausgefunden, dass die Übung der Entspannung
tatsächlich die Expression der Gene verstärkt, die
die Stressreaktion beruhigen (Dusek et al., 2008).

5

Sieh das Gute in dir

In jedem Menschen gibt es gute Seiten – aber oft ist es einfacher, sie in anderen zu sehen als in dir selbst. Denke zum Beispiel an einen Freund/eine Freundin: Was magst du an ihm oder ihr? Es können Eigenschaften sein wie ein Sinn für Humor, Fairness, Ehrlichkeit, Intelligenz, Gefühlstiefe, Geduld, Begeisterung, Hilfsbereitschaft, Neugier, Entschlossenheit, Talent, Mut oder ein gutes Herz.

Wenn wir diese Eigenschaften in einem Freund sehen, fühlt es sich bestärkend, angenehm und hoffnungsvoll an. Es ist gut, die guten Seiten in jemandem anzuerkennen.

Das gilt auch für dich!

Wir sind alle wie ein Mosaik, mit vielen liebenswerten Steinen, einigen neutralen und einigen, die etwas – na ja – Arbeit gebrauchen könnten. Es ist wichtig, das ganze Mosaik zu sehen. Aber da unser Gehirn eine Vorliebe für Negativität hat, tendieren wir dazu, uns auf das zu fixieren, was falsch an uns ist, statt auf das zu achten, was richtig ist. Wenn du am Tag zwanzig Dinge tust und neunzehn gut gehen, über welches denkst du dann nach? Wahrscheinlich über dasjenige, das nicht so gut lief.

Wenn unser Gehirn neue Strukturen bildet, basiert das auf dem, worauf wir unsere Aufmerksamkeit richten – Neuronen, die zusammen aktiviert werden, vernetzen sich. Wenn wir uns auf die „schlechten" Steine in dem Mosaik, das wir sind, konzentrieren, dann verstärken wir ein tiefes Gefühl, mittelmäßig zu sein. Und es behindert die Entwicklung des Selbstvertrauens und Selbstwertgefühls, das aus dem Anerkennen der guten Steine entsteht. Die Ergebnisse dieser Vorliebe für das Negative sind nicht gerecht. Aber sie sind ganz sicher wirkungsvoll und sie sind eine wichtige Ursache dafür, dass die meisten von uns Gefühle der Minderwertigkeit und des Selbstzweifels haben. Auch ich hatte damit zu tun.

Unsere Stärken und Tugenden zu sehen bedeutet, dass wir uns im richtigen Licht betrachten. Wenn wir das Gute in uns anerkennen, dann fühlen wir uns innerlich besser und können ohne Angst vor Zurückweisung auf andere zugehen. Wir können unsere Träume mit mehr Vertrauen in unseren eigenen Erfolg verwirklichen.

So geht's

Wähle eine gute Eigenschaft in dir aus. Vielleicht bist du besonders freundlich, offen, gewissenhaft, fantasievoll, warm, aufmerksam oder charakterfest. Achte auf die Erfahrung dieser positiven Eigenschaft. Untersuche die Körperempfindungen, emotionalen Qualitäten und etwaigen Annahmen oder Sichtweisen, die damit einhergehen.

Nimm dir etwas Zeit, um anzuerkennen, dass du tatsächlich diese gute Eigenschaft besitzt. Werde überzeugt davon. Achte einen Tag oder eine Woche lang auf Zeichen dafür – und spüre es, wenn du sie gefunden hast.

Achte auf jede Schwierigkeit, zu akzeptieren, dass du diese gute Eigenschaft hast – Gedanken wie: *Aber so bin ich nicht immer.* Oder: *Aber ich habe auch schlechte Anteile.* Versuche auf deiner eigenen Seite zu stehen und dich realistisch zu sehen, einschließlich deiner guten Eigenschaften. Es ist ok, dass du nicht in jeder Minute aus diesen Qualitäten lebst: Jeder von uns ist ein Mosaik, jeder von uns ist ein Mensch.

Wiederhole diesen Prozess für andere Stärken und Tugenden.

Öffne dich auch für die guten Eigenschaften, die *andere* in dir sehen. Beginne mit einem Freund und sieh dich selbst durch seine Augen. Was mag dieser

Mensch an dir? Oder was schätzt, genießt, respektiert oder bewundert er an dir? Wenn dein Freund mit anderen über deine guten Eigenschaften spricht, was würde er sagen? Wiederhole diese Übung mit einigen anderen Menschen aus verschiedenen Bereichen – und vielleicht auch Zeiten – deines Lebens, wie zum Beispiel andere Freunde, ein Familienmitglied, ein Partner, Lehrer, Coach oder Kollege. Dann lass das Wissen anderer Menschen über deine guten Eigenschaften zu deinem eigenen werden. Entspanne dein Gesicht, deinen Körper und deinen Geist, um dieses Wissen der Wahrheit – der ganzen Wahrheit – deines Mosaiks aufzunehmen.

Ob du nun mit der Anerkennung durch dich selbst oder durch andere Menschen beginnst, lass das Wissen um die guten Eigenschaften in dir zu Selbstwertgefühl, Selbstvertrauen, Glück und Frieden werden.

Spüre eine leise Stimme in dir, die aus deinem eigenen tiefsten Wesen kommt und ehrlich deine guten Eigenschaften aufzählt. Höre auf sie. Lass das Gesagte in dich hineinsinken. Wenn du möchtest, kannst du die Liste aufschreiben und sie immer wieder anschauen – du musst sie niemandem zeigen.

Achte während des Alltags auf Beispiele für deinen Anstand, deine Ausdauer, Fürsorge und andere gute Eigenschaften. Wenn du diese Tatsachen siehst, öffne dich einem guten Gefühl gegenüber dir selbst.

Lass diese Zeiten der guten Gefühle für dich selbst nach und nach dein Herz und deine Tage erfüllen.

Aufrichtigkeit

Authentizität

Offenheit für Neues

Ausdauer

Humor

Mut

Zivilcourage

6

Werde langsamer

Die meisten von uns sind viel zu beschäftigt. Sagen wir, du triffst zufällig einen Freund, den du längere Zeit nicht gesehen hast, und fragst ihn: „Wie geht's?" Vor zwanzig Jahren war die typische Antwort: „Gut." Aber heute ist die Antwort wohl eher: „Ich hab viel zu tun."

Wir sind mit E-Mails, Telefongesprächen, langen Arbeitszeiten beschäftigt, schleppen unsere Kinder von einem Ort zum anderen und versuchen, unsere Geschwindigkeit an alle anderen anzupassen, die auch immer schneller werden.

Was immer auch die besonderen Gründe in unserem Leben sein mögen, oft fühlen wir uns wie ein Koch in einem Fast-Food-Restaurant.

Sicher ist es wichtig, manchmal schneller zu werden, sei es, dass du auf eine Notsituation reagieren musst oder dass du dich wie verrückt freust, weil deine Tochter im Basketball einen Korb geworfen hat (das Beispiel kommt von mir).

Aber chronische Eile hat viele nachteilige Folgen:

- Eile aktiviert das gleiche Stressreaktionssystem, das sich im Gehirn entwickelt hat, um uns vor angreifenden Löwen zu schützen. Diese Systeme setzen nervenerregende Hormone wie Adrenalin und Cortisol frei, schwächen das Immunsystem und verschlechtern die Stimmung.

- Eile versetzt das Warnsystem des Gehirns in Alarmbereitschaft. Dieses Warnsystem sucht nach Bedrohungen und reagiert oft übertrieben. Hast du bemerkt, dass du in Eile mehr Dinge findest, die dir Sorgen machen oder dich aufregen?

- Eile gibt dir weniger Zeit, klar zu denken und gute Entscheidungen zu treffen.

Obwohl sich „das Gebot der Eile" zu einer Lebensweise entwickelt hat, ist eine Veränderung immer möglich. Wir können mit kleinen Dingen beginnen. Und sie dann immer größer werden lassen. Ehrlich gesagt ist Entschleunigung eine dieser scheinbar kleinen Handlungen, die unser Leben von Grund auf verändern können.

So geht's

Im Folgenden beschreibe ich einige Möglichkeiten, um langsamer zu werden. Ich empfehle, nur einige davon anzuwenden: Beeile dich nicht, langsamer zu werden!

- Tue einige Dinge langsamer als sonst. Führe die Tasse langsam an die Lippen, hetze nicht während des Essens, lass andere ausreden, bevor du antwortest, oder spaziere zu einem Treffen, anstatt zu rennen. Beende eine Aufgabe, bevor du zur nächsten übergehst. Und atme einige Male am Tag lang und langsam durch.

- Nimm den Fuß vom Gaspedal. Einmal raste ich die Autobahn entlang und meine Frau murmelte: „Warum hast du es so eilig?" Dadurch sah ich ein, dass wir nur ein paar Minuten später ankommen würden, wenn ich etwas langsamer fahren würde – aber auf dem Weg viel entspannter sein konnte.

- Wenn das Telefon klingelt, stell dir vor, es sei eine Kirchen- oder Tempelglocke, die dich daran erinnert, tief zu atmen und innezuhalten. (Diese Empfehlung kommt von dem vietnamesischen Mönch Thich Nhat Hanh.)

- Widerstehe dem Druck von anderen, die von dir verlangen, dass etwas schneller fertig wird, als es wirklich nötig ist. Man könnte auch sagen, ihre schlechte Planung macht es nicht zu deinem Notfall.

- Siehe das Gute dieses Moments, so wie er ist. Dann wirst du nicht so schnell zum nächsten Moment kommen wollen. Wenn du zum Beispiel an einem Telefon in der Warteschleife bist, dann sieh dich um und finde etwas Schönes oder Interessantes oder genieße den Frieden des Atmens.

Beende im Laufe der Zeit überflüssige Verpflichtungen und sei vorsichtig, wenn du neue eingehst. Bemerke und hinterfrage jeden inneren Druck, der dir sagt, dass du immer tätig sein solltest und mehr bekommen musst. Was ist das letztendliche Ergebnis für deine Lebensqualität? Macht dich Eile glücklicher? Oder gestresster und erschöpfter?

Und nimm währenddessen die Leichtigkeit und das Wohlbefinden auf, die sich zeigen, wenn wir langsamer werden – und sei nicht überrascht, wenn Menschen sagen, dass du selbstbewusster, ausgeruhter, würdevoller und glücklicher aussiehst.

Es ist *dein* Leben, es gehört niemand anderem. Werde langsamer und genieße es!

7

Vergib dir

Jeder macht Fehler. Ich, du, die Nachbarn, jeder. Es ist wichtig, sich Fehler einzugestehen, von ihnen zu lernen, damit sie nicht wieder geschehen. Und es ist auch richtig, eine angemessene Reue zu üben. Aber die meisten Menschen hacken auf sich selbst herum, in einer Weise, die jedes nützliche Maß übersteigt: Sie sind ungerecht mit sich selbst und übertrieben selbstkritisch.

In unserem Geist gibt es viele Subpersönlichkeiten. Ein Teil von mir stellt beispielsweise den Wecker auf 6 Uhr, damit ich aufstehe und Sport machen kann, aber wenn der Wecker dann klingelt, grummelt ein anderer Teil von mir: Wer hat diesen verdammten Wecker gestellt?! Allgemeiner können wir von einem inneren Kritiker und einem inneren Beschützer in jedem von uns sprechen. Bei den meisten Menschen jammert der innere Kritiker ständig herum und sucht nach etwas – egal was –, um einen Fehler zu finden. Er bläst kleine Dinge zu großen Problemen auf, peinigt dich immer wieder für lange vergangene Ereignisse, ignoriert den größeren Kontext und achtet nicht auf deine Anstrengungen, Dinge wieder gutzumachen.

Deshalb brauchst du den inneren Beschützer, der für dich eintritt: Er stellt deine Schwächen und falschen Handlungen in einen Kontext, betont deine vielen guten Eigenschaften, die deine Fehltritte umgeben und bestärkt dich, damit du dich wieder nach dem Höchsten ausrichtest, auch wenn du hinuntergefallen bist. Und er sagt dem inneren Kritiker – unmissverständlich –, dass er endlich still sein soll.

So geht's

Wähle einen kleinen Aspekt, bei dem du immer noch schroff mit dir selbst umgehst, und versuche die folgenden Methoden. Arbeite dich dann langsam zu den wichtigeren Themen vor.

Also:

- Beginne dich mit dem Gefühl zu verbinden, dass sich jemand in deinem Leben heute oder in der Vergangenheit um dich sorgt. Spüre die Fürsorge

dieses Menschen. Vielleicht wurden auch andere Aspekte von ihm oder ihr in deinem eigenen
Geist zu Aspekten deines inneren Beschützers.
Versuche dies auch mit anderen Wesen, die dich
versorgen, und öffne dich dem wachsenden Gefühl für deinen inneren Beschützer.

- Verweile mit dem Gefühl der Fürsorge und denke
an einige deiner vielen guten Eigenschaften. Du
könntest den Beschützer fragen, was er über dich
weiß. Das sind Tatsachen, es ist kein Schwindel
und du brauchst keinen Heiligenschein, um gute
Eigenschaften wie Geduld, Entschlossenheit, Fairness oder Freundlichkeit zu haben.

- Dieser und der vorhergehende Schritt werden
dir helfen, dich dem zu stellen, was immer Vergebung braucht. Und dann kannst du schließlich
auch dir selbst vergeben.

- Wenn du ein Kind angeschrien, bei der Arbeit
gelogen, zu viel gefeiert oder einen Freund enttäuscht, einen Partner betrogen oder dich heim-
lich über den Fehler von jemand anderem ge-
freut hast – *was auch immer es war* –, erkenne
die Tatsachen: Was ist geschehen, an was hast du
zu diesem Zeitpunkt gedacht, was waren der re-
levante Kontext und die Geschichte und welche
Folgen hatte es für dich und andere?

- Achte auf Tatsachen, die schwer anzuschauen sind – wie der Gesichtsausdruck des Kindes, als du es angeschrien hast –, und sei besonders offen dafür; das sind die Dinge, die dich festhalten. Es ist immer die Wahrheit, die uns befreit.

- Ordne das, was geschehen ist, in drei Teile: moralische Fehler, Ungeschicklichkeit und alles andere. Moralische Fehler verdienen ein *angemessenes* Schuldeingeständnis, Reue oder Scham. Aber Ungeschicklichkeit braucht eine Korrektur, nicht mehr. (Dieser Punkt ist sehr wichtig.)

  Du könntest andere Menschen fragen – einschließlich derjenigen Menschen, die du falsch behandelt hast –, was sie über diese Aufteilung (und über die noch folgenden Punkte) denken, aber du allein entscheidest, was zutrifft. Wenn du zum Beispiel über jemanden hinter seinem Rücken geredet und einen seiner Fehler übertrieben dargestellt hast, dann kannst du zu dem Schluss kommen, dass die Lüge in deiner Übertreibung ein moralischer Fehler ist, der Reue verlangt. Aber gewöhnlicher Tratsch (den die meisten von uns manchmal erzählen) ist einfach ungeschickt und sollte ohne Selbstgeißelung korrigiert werden (d. h., du vermeidest es einfach in Zukunft).

- Übernimm in ehrlicher Art und Weise Verantwortung für deine(n) moralischen Fehler und deine Ungeschicklichkeit. Sage in Gedanken oder laut (oder schreibe): Ich bin verantwortlich für ___, ___ und ___. Spüre es. Dann füge hinzu: Aber ich bin nicht verantwortlich für ___, ___ und ___.

- Du bist beispielsweise nicht für die falschen Interpretationen und Überreaktionen anderer verantwortlich. Lass die Erleichterung über die Dinge, für die du NICHT verantwortlich bist, in dich einsinken.

- Erkenne an, was du schon getan hast, um aus dieser Erfahrung zu lernen, die Dinge wieder richtigzustellen oder etwas wiedergutzumachen. Lass auch in dich einsinken, dass du das tust. Gib dir selbst Wertschätzung dafür.
  Frage nun deinen inneren Beschützer: Gibt es noch etwas anderes, dem du dich stellen solltest oder nicht? Höre auf die stille, leise Stimme des Gewissens, die sich von dem dröhnenden Hohn des Kritikers unterscheidet. Wenn du wirklich weißt, dass noch etwas da ist, dann wende dich dem zu. Wenn das aber nicht der Fall ist, dann wisse in deinem Herzen, dass ein notwendiges Lernen geschehen ist und alles getan ist.

- Und vergib dir selbst. Sage in Gedanken, laut oder im Schreiben oder vielleicht auch zu anderen: Ich vergebe mir selbst für _, _ und _. Ich habe Verantwortung übernommen und getan, was ich tun konnte, um die Situation zu verbessern. Du könntest auch den inneren Beschützer bitten, dir zu vergeben, oder auch andere Menschen, wie zum Beispiel den Menschen, den du falsch behandelt hast.

- Vielleicht musst du mehrere Male durch einige der vorhergehenden Schritte gehen, um dir wirklich zu vergeben, und das ist in Ordnung. Erlaube der Erfahrung der gewährten Vergebung – in dem Fall von dir selbst – nach und nach in dich einzusinken. Unterstütze dies, indem du dich im Körper und im Herzen öffnest und indem du darüber nachdenkst, wie es anderen helfen wird, wenn du dich nicht länger selbst geißelst.

Mögest du in Frieden sein.

8

Schlafe mehr

Du brauchst mehr Schlaf.

Es sei denn, du bist schon einer der wenigen Menschen, die heutzutage wirklich genug schlafen. (Anmerkung: Ich gehöre ganz sicher nicht dazu.)

Ohne ausreichenden Schlaf erhöhen sich die Risiken für Autounfälle, Diabetes, Herzerkrankungen, Depression und ungewollte Gewichtszunahme. Und die Fähigkeit für Aufmerksamkeit und die Motivation werden schwächer. Zudem fühlt es sich einfach nicht gut an, benebelt, erschöpft, müde und reizbar zu sein.

Es hat verschiedene Gründe, dass Menschen nicht ausreichend schlafen. Wir gehen oft zu spät ins Bett und stehen zu früh auf. Wir trinken zu viel Kaffee, um am Morgen in Gang zu kommen und am Abend zu viel Alkohol, um uns zu entspannen. Schlafschwierigkeiten sind auch ein Symptom für verschiedene Gesundheitsprobleme – wie Depression und Schlafapnoe –, du solltest also mit deinem Arzt sprechen, wenn du unter Schlaflosigkeit leidest oder dich immer noch müde fühlst, wenn du ausreichend geschlafen hast.

Die richtige Menge Schlaf ist für jeden Menschen – und von Zeit zu Zeit – unterschiedlich: Wenn wir gestresst oder krank sind oder hart arbeiten, brauchen wir mehr Schlaf. Wie viel es auch sein mag, wichtig ist die Kontinuität: ein guter Schlaf jede Nacht – wir sollten nicht versuchen, alles am Wochenende oder im Urlaub nachholen zu wollen.

Nachdem ich zu Hause ausgezogen war, besuchte ich oft meine Eltern. Sie sagten mir immer wieder, ich würde müde aussehen und mehr Schlaf brauchen. Jedes Mal, wenn sie das sagten, war ich genervt. Aber weißt du was?

Sie hatten recht. Fast jeder sollte mehr schlafen.

So geht's

Zwei Dinge stehen einem ausreichenden Schlaf im Weg: nicht genug Zeit dafür reservieren und in der verfügbaren Zeit nicht tief und kontinuierlich schlafen.

Zum ersten Problem:

- Entscheide dich, wie viele Stunden du pro Nacht schlafen willst. Dann schaue dir deinen Tagesplan an und finde heraus, wann du aufstehen musst und plane den Tag von dort, um dir genug Zeit zum Schlafen zu geben. Finde heraus, was du in der Stunde vor dem Schlafengehen tun musst, um rechtzeitig einzuschlafen; dazu gehört wahrscheinlich, dich nicht auf eine Diskussion einzulassen!

- Beobachte die „Gründe", die sich zeigen, um länger als geplant aufzubleiben. Die meisten Gründe, wenn nicht alle, laufen auf eine einfache Entscheidung hinaus: Was ist wichtiger, deine Gesundheit und dein Wohlbefinden – oder noch eine Stunde fernsehen, die Wohnung aufräumen oder (irgendetwas anderes)?

- Genieße das Gefühl, ausgeruht und wach zu sein, wenn du ausreichend geschlafen hast. Nimm diese guten Gefühle in dich auf, damit dein Gehirn davon in Zukunft noch mehr will.

Zum zweiten Problem (Schlafprobleme) gebe ich im Folgenden einige Empfehlungen; wähle diejenigen aus, die für dich funktionieren:

- Beachte die Ratschläge von Organisationen wie der National Sleep Foundation: Entwickle eine Gewohnheit beim Schlafengehen, entspanne dich in der letzten Stunde oder den letzten beiden Stunden vor dem Schlafengehen, höre mit dem Essen auf (besonders Schokolade), trinke keinen Kaffee oder Alkohol, treibe keinen Sport und rauche zwei oder drei Stunden vor dem Schlafengehen nicht mehr, sorge dafür, dass die Umgebung in deinem Schlafzimmer das Schlafen unterstützt (z. B. kühl und leise, eine gute Matratze, Ohrstöpsel, wenn dein Partner schnarcht).

- Tu, was immer du kannst, um Stress zu verringern. Chronischer Stress erhöht Hormone wie Cortisol, die das Einschlafen oder Aufwachen am Morgen erschweren.

- Triff eine Vereinbarung mit dir selbst, dir erst am Morgen nach dem Aufstehen Sorgen zu machen oder zu planen. Richte deine Aufmerksamkeit auf Dinge, die dich glücklich machen und entspannen. Oder richte deine Aufmerksamkeit einfach auf die Empfindungen des Atmens selbst. Erinnere dich an das warme Gefühl, mit Menschen zu sein, die sich um dich sorgen. Habe Mitgefühl mit dir selbst.

- Entspanne dich wirklich. Atme zum Beispiel fünf bis zehn Mal lang ein und aus; stell dir vor, dass deine Hände warm sind (und steck sie unter dein Kissen); lege einen Finger oder einen Fingerknöchel an deine Lippen; entspanne deine Zunge und deinen Kiefer; stell dir vor, du wärest in einer sehr friedlichen Umgebung; entspanne nach und nach jeden Teil deines Körpers, beginne mit den Füßen und bewege dich bis zum Kopf aufwärts.

- Bestimmte Nährstoffe sind für den Schlaf wichtig. Wenn du nicht sicher bist, dass du durch deine tägliche Nahrung ausreichend davon aufnimmst, dann könntest du Magnesium (500 mg/Tag) und Kalzium (1200 mg/Tag) einnehmen. Nimm wenn möglich die Hälfte davon am Morgen und die andere Hälfte vor dem Schlafengehen.

- Der Neurotransmitter Serotonin unterstützt den Schlaf; es besteht aus einer Aminosäure namens Tryptophan, du könntest also zur Not auch 500–1000 mg Tryptophan vor dem Schlafengehen nehmen. Wenn du mitten in der Nacht aufwachst und nicht wieder einschlafen kannst, könntest du 1 mg Melatonin sublingual (unter die Zunge) einnehmen. Du könntest aber auch eine Banane essen (oder etwas anderes, das leicht und schnell zur Hand ist); das Anheben des Blutzuckers erhöht den Insulinspiegel, wodurch mehr Tryptophan zum Gehirn transportiert wird. Du kannst Tryptophan und Melatonin gewöhnlich in Apotheken bekommen; nimm beides aber nicht während des Stillens ein oder wenn du Psychopharmaka einnimmst (es sei denn, dein Arzt hat keine Bedenken).

Gute Nacht!

9

Werde ein Freund deines Körpers

Stell dir vor, dein Körper säße dir gegenüber, und denke über folgende Fragen nach:

- Wie hat dein Körper im Laufe der Jahre für dich gesorgt? Zum Beispiel: Er hat dich am Leben erhalten, hat dir Freude gegeben und dich von einem Ort zum anderen gebracht.

- Wie gut hast du dich im Gegenzug um deinen Körper gekümmert? Zum Beispiel: Ihn getröstet, genährt, trainiert oder zum Arzt gebracht. Wie hast du ihm andererseits geschadet, ihm Fast Food gegeben oder ihn vergiftet?

- In welcher Weise kritisierst du deinen Körper? Bist du zum Beispiel enttäuscht von ihm oder schämst du dich für ihn? Fühlst du dich von ihm im Stich gelassen oder wünschst du dir, er wäre anders?

- Wenn dein Körper sprechen könnte: Was würde er wohl sagen?

- Wenn dein Körper ein guter Freund wäre, wie würdest du mit ihm umgehen? Wäre das anders, als du jetzt mit ihm umgehst?

Ich selbst weiche diesen Fragen auch gern aus. Es ist so leicht, den Körper an seine Grenze zu treiben und seine Bedürfnisse zu ignorieren, bis es gar nicht mehr geht. So schnell verlieren wir den Kontakt zu seinen Signalen. Und dann werfen wir den Körper nach einem wieder einmal langen Tag am Abend ins Bett, wie – dieser Spruch kommt von meinem Vater – „ein Pferd, das bis zur Erschöpfung geritten wurde und schweißnass in den Stall gestellt wurde".

Wir können auch wütend auf unseren Körper werden und sogar gemein zu ihm sein. Als wäre es der Fehler des Körpers, wenn er zu viel wiegt oder wenn er älter wird.

Aber wenn wir eines dieser Dinge tun, dann zahlen wir einen hohen Preis, denn schließlich sind wir nicht getrennt von unserem Körper. Seine Bedürfnisse und Freuden und Schmerzen sind unsere eigenen. Sein Schicksal wird eines Tages unser Schicksal sein.

Wenn wir andererseits unseren Körper gut behandeln, wie einen guten Freund, dann fühlen wir uns besser, haben mehr Energie, entwickeln eine höhere Resilienz und leben wahrscheinlich länger.

So geht's

Erinnere dich an eine Zeit, als du einen guten Freund gut behandelt hast. Was war deine Haltung gegenüber diesem Freund und was hast du für ihn getan? Wie fühlte es sich innerlich an, deinem Freund gegenüber freundlich zu sein?

Stell dir nun einen Tag vor, an dem du deinen Körper wie einen guten Freund behandelst. Stell dir vor, du liebst diesen Freund – deinen Körper –, wenn du aufwachst und ihm beim Aufstehen hilfst: Sei sanft zu ihm, bleibe mit ihm in Verbindung, und treibe ihn nicht zur Eile an ... Wie könnte sich das anfühlen?

Stell dir vor, du sorgst im Laufe des Morgens für deinen Körper – du gibst ihm freundlich etwas Wasser, eine angenehme Dusche und gibst ihm gesundes und wohlschmeckendes Essen. Stell dir vor, deinen Körper auch bei anderen Aktivitäten mit Liebe zu behandeln, wie beim Autofahren, wenn du dich um deine Kinder kümmerst, beim Sport, bei der Arbeit mit anderen, beim Abwaschen, beim Sex oder beim Zähneputzen.

Wie würde sich das anfühlen?

Du würdest wahrscheinlich weniger Stress und mehr Entspannung, Ruhe und Leichtigkeit erfahren und das Gefühl haben, dass du dein Leben selbst gestaltest. Hinzu kommt ein inneres Gefühl, dass du freundlich zu dir selbst bist, denn im tiefsten Sinne hast du nicht nur einen Körper, du bist dein Körper; wenn du ihn gut behandelst, dann behandelst du *dich* gut.

Wenn dein Körper sprechen könnte: Was würde er wohl sagen, wenn er einen Tag lang mit Liebe behandelt worden wäre?

Dann gehe einen Tag lang wirklich liebevoll mit deinem Körper um (oder auch nur für einige Minuten). Wie ist das? In welcher Weise fühlt es sich gut an? Spüre Widerstände dagegen, freundlich zu deinem Körper zu sein. Vielleicht ein Gefühl, dass das selbstbezogen oder eine Sünde wäre. Untersuche diesen Widerstand und finde heraus, worum es dabei geht. Und entscheide, ob es irgendeinen Sinn ergibt. Wenn nicht, dann sei weiterhin freundlich zu deinem Körper.

Wenn du mit deinem Körper sprechen könntest, was würdest du wohl sagen? Schreibe vielleicht einen Brief an deinen Körper, erzähle ihm, wie du dich mit ihm in der Vergangenheit gefühlt hast und dass du nun in Zukunft freundlicher zu ihm sein willst.

Fertige eine kurze Liste mit Dingen an, wie du nun besser für deinen Körper sorgen willst, wie beispielsweise mit dem Rauchen aufhören, früher die Arbeit beenden oder dir mehr Zeit für einfache körperliche Freuden nehmen. Und dann entscheide dich dafür, deinen Körper besser zu behandeln.

Freundlichkeit beginnt zu Hause.

Dein Zuhause ist dein Körper.

10

Ernähre dein Gehirn

Das menschliche Gehirn enthält ungefähr 100 Milliarden Neuronen plus noch einmal eine Trillion unterstützende Zellen. Die meisten Neuronen werden fünf bis fünfzig Mal pro Sekunde aktiviert – selbst wenn wir schlafen. Deshalb braucht das Gehirn ungefähr 25 Prozent der Glukose im Blut, obwohl es nur 1,3 kg wiegt, also 2 bis 3 Prozent des Körpergewichts. Es ist also kein Wunder, dass das Gehirn so hungrig ist!

Und es braucht neben der Glukose noch andere Nährstoffe. Sechzig Prozent des Trockengewichtes des Gehirns bestehen beispielsweise aus gesunden Fetten. Oder denken wir nur an die Neurotransmitter, die die Information von einem Neuron zum anderen übertragen. Unser Körper bildet diese komplexen Moleküle aus kleineren Bestandteilen und wird dabei von anderen biochemischen Substanzen unterstützt. Das Serotonin zum Beispiel – das die Stimmung, die Verdauung und den Schlaf unterstützt – wird mit Unterstützung von Eisen und Vitamin B6 aus Tryptophan hergestellt.

Spürbarer Mangel bei einem dieser Nährstoffe, die unser Gehirn braucht, kann unserem Körper und unserem Geist schaden. Zum Beispiel:

Mangel	Wirkung
Vitamine B_{12}, B_6, Folsäure	Depressive Stimmung (Skarupski et al., 2010)
Vitamin D	Schwächung des Immunsystems, Demenz, depressive Stimmung (Nimitphong und Holick, 2011)
DHA	Depressive Stimmung (Rondanelli et al., 2010)

Wenn wir andererseits unsere neurale Speisekammer mit guten Nahrungsmitteln füllen, wird es unsere Energie, Resilienz und unser Wohlbefinden stärken.

So geht's

Nimm zu jeder Mahlzeit, besonders zum Frühstück, ungefähr 100 g Protein zu dir – also ungefähr die Größe eines Kartenspiels –, aus einer der möglichen Proteinquellen. Dadurch wirst du lebenswichtige Aminosäuren zu dir nehmen und es wir dir helfen, den Blutzucker und das Insulin zu regulieren.

Wo wir schon beim Blutzucker sind, wenn du viele Süßigkeiten und Kohlenhydrate aus Weißmehlprodukten isst, steigt der Insulinspiegel, der dann wieder abrupt absinkt und zu dem benebelten/schlecht gelaunten/müden Zustand der Unterzuckerung führt. Gewohnheitsmäßig hohes Insulin bringt dich auch auf den gefährlichen Weg zu einem Typ 2-Diabetes. Halte diese Nahrungsmittel also auf einem Minimum und versuche, nicht mehr als 25 g Industriezucker pro Tag zu dir zu nehmen und vermeide so oft wie möglich weißes Mehl.

Iss viele dunkelfarbige Früchte und Gemüsesorten, wie Blaubeeren, Grünkohl, Rote Beete, Karotten und Brokkoli. Diese Nahrungsmittel enthalten wichtige Nährstoffe, die die Erinnerungsfähigkeit fördern (Krikorian et al., 2010), das Gehirn gegen Oxidation schützen (Guerrero-Beltran et al., 2010) und das Risiko für Demenz senken könnten (Gu et al., 2010).

Es ist auch sinnvoll, ein hochpotenziertes Breit-spektrum-Multivitamin/Mineral-Präparat zu sich zu nehmen. Es wäre natürlich besser, wenn wir alle Nährstoffe für eine optimale Gesundheit aus drei Mahlzeiten bekommen würden, aber die meisten Menschen haben einfach nicht die Zeit, all die frischen Gemüsesorten und anderen komplexen Nahrungsmittel zu kaufen und zuzubereiten, die dafür nötig wären. Zudem brauchen wir noch mehr dieser Nährstoffe, um die vielen, vom Menschen hergestellten Moleküle zu verarbeiten, denen wir jeden Tag ausgesetzt sind. Zusätzlich zu einer Ernährung, die so gesund wie möglich sein sollte, können wir einfach einige Kapseln schlucken, was schneller geht als Zähneputzen. Um ein hochwertiges Vitaminpräparat zu finden – dessen tägliche Dosis wahrscheinlich zwei bis drei Kapseln sind – suche nach einem Präparat, das das Fünf- bis Zehnfache des Tagesbedarfs der B-Vitamine und 100 Prozent des Tagesbedarfs der Minerale enthält.

Zudem ist es empfehlenswert, täglich zwei bis drei Kapseln mit hochwertigem Fischöl einzunehmen – ausreichend, um mindestens 500 mg DHA (Docosahexaensäure) und EPA (Eicosapentaensäure) – beides Omega-3-Fettsäuren – zu erhalten; schaue dafür auf die Verpackung. Eine Alternative zum Fischöl ist eine Kombination aus Leinöl und DHA aus Algen, aber Fischöl ist der effektivste Weg, um dem Körper und dem Gehirn Omega-3-Fettsäuren zuzuführen.

Während du diesen Verhaltensweisen folgst, kannst du darauf vertrauen, dass du in Wirklichkeit dein Leben nährst, wenn du „deinen Kopf ernährst".

11

Schütze dein Gehirn

Das Gehirn steuert die anderen Systeme unseres Körpers und es ist die Grundlage für unsere Gedanken und Gefühle, Freuden und Sorgen. Ohne Frage ist es das wichtigste Organ im Körper. Kleine Veränderungen in seiner Neurochemie können zu großen Veränderungen in unserer Stimmung, Resilienz, Erinnerungsfähigkeit, Konzentration, unseren Gedanken, Gefühlen und Wünschen führen.

Es ist also sehr wichtig, dass wir das Gehirn vor negativen Faktoren wie Giften, Entzündungen und Stress schützen.

Wenn du gut mit deinem Gehirn umgehst, wird es gut mit dir umgehen.

So geht's

Vermeide Giftstoffe. Neben den offensichtlichen Verhaltensweisen – wie keinen Klebstoff schnüffeln und in der Windrichtung stehen, wenn du Benzin in dein Auto füllst – sei auch vorsichtig im Umgang mit Alkohol, der den Gehirnzellen den Sauerstoff entzieht: Der Rausch ist das Gefühl, das mit ertrinkenden Neuronen einhergeht.

Minimiere Entzündungen. Wenn dein Immunsystem aktiviert wird, um mit einer Infektion oder einem Allergen umzugehen, dann sendet es chemische Botenstoffe durch deinen Körper, die als *Zytokine* bezeichnet werden. Leider können sich die Zytokine in deinem Gehirn ansammeln und führen zu einer gedrückten Stimmung und sogar zu Depression (Maier und Watkins, 1998; Schierpers, Wichers und Maes, 2005).

Triff also praktische Vorsichtsmaßnahmen, um Erkältungen und Grippeinfektionen zu reduzieren, wie zum Beispiel häufiges Händewaschen und das Vermeiden von Speisen, die das Immunsystem aktivieren. Viele Menschen haben beispielsweise Entzündungsreaktionen auf glutenhaltige Getreidesorten (z. B. Weizen, Hafer, Roggen) und/oder auf Milchprodukte. Das ist nicht verwunderlich, weil diese Nahrungsmittel erst vor ungefähr 10.000 Jahren eingeführt wurden, ein kurzer Augenblick in der 200

Millionen Jahre währenden Evolution der Ernährung von Säugetieren, Primaten und schließlich der Menschen. Wir müssen nicht auf spürbare Symptome für Allergien oder einen Bluttest im Labor warten, um festzustellen, ob Gluten und Milchprodukte für uns verträglich sind oder nicht. Nimm dir einfach zwei Wochen, in denen du beides weglässt, und beobachte, ob du einen Unterschied in deiner mentalen und körperlichen Gesundheit wahrnimmst. Wenn dem so ist, dann lass sie ganz weg: Ich tue es auch und es gibt ausreichend schmackhafte Alternativen.

Treibe regelmäßig Sport. Das unterstützt das Wachstum neuer neuraler Strukturen, unter anderem durch die Entstehung neuer Hirnzellen.

Entspanne. Das Stresshormon Cortisol sensibilisiert die Kampf-oder-Flucht-Alarmglocke des Gehirns – die Amygdala – und schwächt (und schrumpft) eine Region, die als Hippocampus bekannt ist, deren Aufgabe es ist, die Stressreaktion abzubremsen. Aufgrund dessen entsteht ein Teufelskreis: Der Stress heute sensibilisiert uns für den Stress in der Zukunft. Weil der Hippocampus auch wichtig ist, um Erinnerungen zu bilden, kann eine tägliche Dosis Stress (selbst nur die Gefühle der Frustration, Reizbarkeit oder Angst) das Erlernen neuer Dinge erschweren, und es wird auch schwieriger, die eigenen Gefühle im Kontext zu sehen. Eines der wichtigsten Gegenmittel bei Stress ist

Entspannung, die den besänftigenden und beruhigenden parasympathischen Teil des Nervensystems aktiviert. Im 4. Kapitel findest du Anregungen zum Entspannen.

2. Teil

Genieße das Leben

12

Nimm die Freude an

Wenn du im Leben Freude findest, dann bedeutet das nicht, dass du die schwierigen oder schmerzvollen Aspekte leugnest. Du öffnest dich einfach den schönen Dingen, die dich schon umgeben – und du badest und schwelgst darin und genießt sie.

Dadurch wird der besänftigende und beruhigende parasympathische Teil des autonomen Nervensystems aktiviert und beruhigt den sympathischen Teil des Nervenssystems mit seiner Kampf-oder-Flucht-Reaktion und den damit verbundenen Stresshormonen. Die Erleichterung der Stressreaktion durch das Annehmen von freudvollen Erfahrungen hebt die Stimmung, beruhigt Ängste und weitet den Blick – zudem wirkt es auch positiv auf die Gesundheit: Es stärkt das Immunsystem, verbessert die Verdauung und gleicht die Hormone aus.

So geht's

Genieße die Freuden des täglichen Lebens, beginne mit den Sinnen:

- *Was riecht gut?* Die Schale einer Orange, der Duft von verbranntem Holz, das Essen auf dem Herd, das Haar eines Kindes …

- *Was schmeckt gut?* Ein starker Kaffee, ein köstlicher Tee, ein French Toast, Salat, Ziegenkäse …

- *Was sieht schön aus?* Der Sonnenaufgang, der Sonnenuntergang, der Vollmond, ein schlafendes Baby, die roten Blätter im Herbst, Bilder von Galaxien, neu gefallener Schnee …

- *Was klingt wunderbar?* Wellen am Strand, Wind in den Kiefern, das Lachen eines guten Freundes, Beethovens „Hymne an die Freude", Stille …

- *Was fühlt sich auf der Haut gut an?* Frisch gewaschene Bettwäsche, eine Rückenmassage, warmes Wasser, eine frische Brise an einem schwülen Tag …

Wende dich als Nächstes in dieser Haltung auch dem Geist zu: Worüber denkst du gern nach, an was erinnerst du dich gern? Stell dir zum Beispiel einen deiner

Lieblingsorte vor – eine Bergwiese, einen tropischen Strand, einen gemütlichen Sessel – und stell dir vor, dass du dort bist.

Würdige nun diese Freuden. Gib dich ihnen hin, nimm dir Zeit für sie und lass sie deinen Körper und Geist erfüllen. Bade in der Freude! Achte auf jeden Widerstand dagegen, dich richtig gut zu fühlen, jeden Gedanken, dass es dumm oder falsch ist ... und dann versuche, ihn loszulassen. Und gib dich wieder der Freude hin.

Genieße dich!

13

Sag Ja

Als unser Sohn in der High School in der Theater-gruppe war, erfuhr ich von einer Übung im Impro-visationstheater („Improv"): Egal, was ein anderer Schauspieler sagt oder tut, du musst immer im über-tragenen Sinne (und manchmal auch buchstäblich) Ja dazu sagen. Mit anderen Worten, wenn jemand auf der Bühne sich umdreht und zu dir sagt: „Herr Doktor, warum hat mein Kind zwei Köpfe?" dann solltest du beispielsweise antworten: „Weil zwei Köp-fe besser sind als einer."

Das wirkliche Leben ist wie Improvisationsthea-ter: das Drehbuch ändert sich ständig, und wenn du Ja sagst, bleibst du im Flow – es fordert dei-ne Kreativität und es macht mehr Spaß. Versuche, in deinen Gedanken oder laut Nein zu sagen. Wie fühlt sich das an? Und dann sage Ja. Was fühlt sich besser an, was öffnet dein Herz und zieht dich tie-fer in die Welt?

Zu einem Teil des Lebens Ja zu sagen – zu einem Umstand oder einer Situation, zu einer Beziehung, zu deiner Geschichte oder Persönlichkeit oder zu etwas, das in deinem eigenen Geist geschieht – bedeutet nicht notwendigerweise, dass du es *magst*. Du kannst auch Ja zu Schmerzen und Sorgen sagen, zu Dingen, die für dich und andere nicht gut laufen.

Dein Ja bedeutet, dass du die Tatsachen so akzeptierst, wie sie sind, dass du ihnen emotional nicht widerstehst, auch wenn du mit aller Kraft versuchst, sie zu verändern. Das wird in der Regel zu Frieden führen – und dein Handeln wird effektiver sein.

So geht's

Sag Ja zu etwas, das du magst. Dann sag Ja zu etwas Neutralem. Beides ist wahrscheinlich einfach.

Dann sag Ja zu etwas, das du nicht magst. Kannst du das auch? Wenn du das tust, versuche zu spüren, dass du im Grunde in Ordnung bist, trotz des Unangenehmen, das für dich existiert. Versuche in deinem Ja auch eine Akzeptanz zu spüren, eine gewisse Hingabe an die Dinge, wie sie sind, ob du sie nun angenehm findest oder nicht.

Versuche, zu mehr Dingen Ja zu sagen, die nicht deinen Vorlieben entsprechen. Du sagst nicht Ja, um sie zu bestätigen, aber zum Beispiel sagst du: „Ja, es regnet während unseres Picknicks; ja, überall auf dem Planeten gibt es arme, hungernde Menschen; ja, meine Karriere steckt fest; ja, ich habe einen Fehler gemacht; ja, mein bester Freund hat Krebs."

Sag Ja zu den Höhen und Tiefen deines bisherigen Lebens: groß und klein; gut, schlecht und neutral; Vergangenheit, Gegenwart und Zukunft. Ja zu dem jüngeren Geschwister, das dich vom Thron gestoßen hat. Ja zur Arbeit deiner Eltern und zu den Umständen in der Familie. Ja zu deinen Entscheidungen, nachdem du dein Zuhause verlassen hast. Ja zu dem, was du zum Frühstück gegessen hast. Ja zu einem Umzug. Ja zu dem Menschen, mit dem du schläfst – oder Ja dazu, mit niemandem zu schlafen. Ja zu deinen Kindern – oder Ja dazu, keine Kinder zu haben.

Sag Ja zu dem, was in deinem Geist erscheint. Ja zu Gefühlen, Körperempfindungen, Gedanken, Bildern, Erinnerungen, Wünschen. Sag Ja auch zu den Dingen, die du zurückhalten musst – wie den wütenden Impuls, jemanden zu schlagen, ungerechtfertigte Selbstkritik oder eine Sucht.

Sag Ja zu allen Aspekten der Menschen in deinem Leben. Ja zur Liebe deiner Eltern und auch Ja zu den Aspekten, die dich geärgert haben. Ja zur Unverbindlichkeit einer Freundin, neben ihrem Sinn für Humor und ihrer Geduld. Ja zur Ernsthaftigkeit einer anderen Freundin, neben ihrer Gereiztheit und ihrer Kritiksucht. Ja zu jedem Aspekt eines Kindes, eines Verwandten, eines fernen Bekannten, eines Feindes.

Und sag Ja zu den verschiedenen Aspekten in dir selbst – welche das auch sein mögen. Nichts auswählen, sondern einfach zu allem in dir JA sagen.

Spiele mit verschiedenen Betonungen des Ja (laut oder in Gedanken) in Bezug auf verschiedene Dinge – einschließlich derjenigen, die du nicht magst – und beobachte, wie es sich anfühlt. Versuche ein vorsichtiges Ja und auch ein selbstbewusstes, weiches, verzagtes oder enthusiastisches Ja.

Spüre das Ja im Körper. Eine Methode von Thich Nhat Hanh: Atme ein, spüre etwas Positives, atme aus, sag Ja. Atme Energie ein, atme ein Ja aus. Atme Ruhe ein, atme ein Ja aus.

Sag Ja zu deinen Bedürfnissen. Ja zu dem Bedürfnis, mehr Zeit für dich zu haben, mehr Sport zu treiben, mehr zu lieben, weniger Süßigkeiten zu essen und weniger wütend zu sein. Versuche in Gedanken oder laut Nein zu diesen Bedürfnissen zu sagen und beobachte, wie es sich anfühlt. Und dann sag wieder Ja zu ihnen.

Sag Ja zum Handeln: dieser Kuss, diese Umarmung, den Salzstreuer in die Hand nehmen, die Zähne putzen, dieser Abschied von jemandem, den du liebst.

Achte auf dein Neinsagen. Und dann beobachte, was passiert, wenn du zu einigen Dingen Ja sagst, zu denen du bisher Nein gesagt hast.

Sag Ja dazu, am Leben zu sein. Sag Ja zum Leben. Ja zu deinem eigenen Leben. Ja zu jedem Jahr und jedem Tag. Ja zu jeder Minute.

Stell dir vor, dass das Leben Ja flüstert. Ja zu allen Wesen und ja zu dir. Alles, zu dem du Ja gesagt hast, sagt nun ja zu dir. Sogar die Dinge, zu denen du nicht Ja gesagt hast, sagen Ja zu dir!

Jeder Atem, jeder Herzschlag, jede Aktivierung einer Synapse: Sie alle sagen Ja. Ja, vollkommenes Ja, alles sagt Ja.

Ja.

14

Mach mehr Pausen

Als wir uns über Millionen von Jahren in Jäger-und-Sammler-Gruppen entwickelten, bewegte sich das Leben in der Geschwindigkeit des Gehens, im Rhythmus der Jahreszeiten und mit dem täglichen Aufgang und Untergang der Sonne. In vielen der Jäger-und-Sammler-Kulturen, die es heute noch gibt, dauert es nur einige Stunden am Tag, um Nahrung und Unterschlupf zu finden. Wir können davon ausgehen, dass unsere Vorfahren ähnlich lebten und den Rest ihrer Zeit damit verbrachten, zu entspannen, mit Freunden zusammen zu sein und die Sterne zu betrachten.

Sicher war das Leben in anderer Hinsicht schwer – sie mussten sich zum Beispiel vor Säbelzahntigern schützen. Aber trotzdem können wir sagen, dass der Körper und Geist des Menschen sich in der Evolution entwickelt hat, um meist in einem Zustand der Ruhe oder Freizeit – mit anderen Worten *in einer Pause* – zu sein.

Aber heute im 21. Jahrhundert arbeiten wir oft zehn, elf, zwölf Stunden am Tag – wenn man den Weg zur Arbeit, die Arbeit von zu Hause und Geschäftsreisen mitzählt –, um Brot auf den Tisch zu bringen und ein Dach über dem Kopf zu haben. Das trifft auch zu, wenn man als Elternteil zu Hause ist, denn „das Dorf, das man braucht, um ein Kind großzuziehen", sieht heute meist eher wie eine Geisterstadt aus. Die meisten von uns sind beschäftigt und immer unterwegs – schon kurz nach dem Aufstehen checken wir unsere E-Mails und geben den Kindern etwas zu essen (oder beides!) und am Abend ist das Letzte, was wir tun, noch das Abhören unserer Telefonnachrichten.

Da fragt man sich, wer hier „zivilisiert" und wer „primitiv" ist!

Der moderne Vollgas-Lebensstil führt zu chronischem Stress und Anspannung und damit einhergehenden körperlichen und mentalen Gesundheitsproblemen. Er macht auch kreative Interessen zunichte und lässt keine Zeit für Freundschaften, Erholung, spirituelles Leben und Zeit für die Kinder und den Partner. Als Therapeut behandle ich oft Familien, in denen einer der Partner über 60 Stunden in der Woche arbeitet; die Arbeit ist der Elefant im Wohnzimmer, der alles andere an den Rand drängt.

Stell dir vor, du würdest als alter Mensch irgendwo an einem angenehmen Ort sitzen und auf dein Leben zurückschauen und darüber nachdenken. Denkst du, du würdest dir dann wünschen, dass du mehr Zeit mit Arbeit oder Hausarbeit verbracht hättest?

Oder würdest du dir wünschen, du hättest mehr Zeit damit verbracht, dich zu entspannen, mit Freunden zusammen zu sein und die Sterne zu beobachten?

So geht's

Gib dir also selbst das Versprechen, dass du mehr Pausen machen wirst. Die meisten werden kurz sein, vielleicht nur eine Minute oder weniger. Aber die akkumulierenden Wirkungen werden sehr gut für dich sein.

Im Folgenden gebe ich einige Methoden, um mehr Pausen zu machen; wähle diejenigen, die dir am meisten zusagen:

- **Gib dir selbst die Erlaubnis** – Sag dir selbst, dass du hart gearbeitet hast, und etwas Ruhe verdienst; dass es wichtig für deine Gesundheit ist;

dass deine Produktivität sich durch die Pausen verbessern wird; dass selbst Höhlenmenschen mehr Pausen hatten als du!

- **Verzichte auf alles andere** – Wenn es Zeit für eine Pause ist, lass alles andere ruhen. Schalte wirklich ab.

- **Mach viele kleine Pausen** – Tritt viele Male am Tag für mindestens ein paar Sekunden aus dem Strom des Tuns: schließe für einen Moment deine Augen; atme einige Male tief ein und aus; richte deinen visuellen Fokus auf den fernsten Punkt, den du sehen kannst, wiederhole einen Spruch oder ein Gebet; steh auf und beweg dich.

- **Wechsle den Gang** – Vielleicht musst du deine To-do-Liste abarbeiten, aber gönn dir wenigstens eine Pause von der Aufgabe A, bevor du an einer anderen Aufgabe B arbeitest.

- **Geh raus** – Schau aus dem Fenster; geh nach draußen und schau in den Himmel; finde einen Grund, um aus einer Versammlung oder Konferenz zu gehen.

- **Schalte aus** – Wenn auch nur für einige Minuten: Nimm das Handy nicht ab; lies keine E-Mails; schalte den Fernseher oder das Radio aus; nimm die Kopfhörer ab.

- **Mach deinen Körper glücklich** – Wasch dein Gesicht; iss einen Keks; rieche einen angenehmen Duft; dehne und strecke dich; leg dich hin; massiere deine Augen oder Ohren.

- **Nimm einen mentalen Urlaub** – Erinnere dich an einen Ort – oder stell ihn dir vor – (Bergsee? Tropischer Strand? Die Küche deiner Großmutter?), der dich entspannt und glücklich macht. Wenn möglich, reise innerlich dorthin und genieße es. In bestimmten Situationen sage ich mir einfach: „Sie können zwar meinen Körper haben, aber nicht meinen Geist."

- **Lass dein Stressthermometer nicht in den roten Bereich kommen** – Wenn du in bestimmten Situationen immer frustrierter oder angespannter wirst, lass los und mach eine Pause, bevor dein Kopf explodiert. Dem „roten Stress-Bereich" fernbleiben ist eine wichtige Priorität für deine langfristige Gesundheit und dein Wohlbefinden.

Um die tieferen Gründe deines geschäftigen Lebens und des Mangels an Pausen zu verstehen, denk über all die Dinge nach, die du meinst, tun zu müssen. Kannst du einige davon loslassen oder delegieren? Und kannst du in Zukunft weniger Arbeiten und Aufgaben übernehmen?

Ich selbst habe langsam gelernt, Nein zu sagen. Ich sage Nein zu Aktivitäten, die für mich nur eine niedrigere Priorität haben – aber auch zu großartigen Dingen, für die ich einfach keine Zeit habe. Und ich sage Nein zu dem Drang, meinen Kalender vollzustopfen.

Das Neinsagen wird dir helfen zu deinem eigenen Wohlbefinden Ja zu sagen – und zu Freunden; zu Aktivitäten, die dich wirklich nähren; zu einem klaren Geist. Zu den Sternen, die hoch über deinem Kopf leuchten.

15

Sei froh

Damit unsere Vorfahren in einer rauen und manchmal tödlichen Umgebung überleben konnten, entwickelten sich neuronale Netzwerke, die ständig nach schlechten Nachrichten suchen und darauf reagieren, sie speichern und daran erinnern – sowohl „da draußen" in unserer Umwelt als auch „hier drinnen" im eigenen Kopf.

Deshalb achten wir genau auf Bedrohungen, Verluste und falsche Behandlung durch unsere Umgebung – und wir achten auch auf unsere emotionalen Reaktionen darauf, wie Sorgen, Traurigkeit, Feindseligkeit, Enttäuschung und Wut. Wir konzentrieren uns auch auf unsere eigenen Fehler und Mängel – und auf die Gefühle der Schuld, Scham, Minderwertigkeit und sogar auf den Selbsthass.

Sicher ist es wichtig, auf die Dinge zu achten, die dir und anderen schaden könnten, und darauf zu reagieren. Und wir müssen auch unseren eigenen Geist und Charakter weiterentwickeln.

Aber aufgrund der Vorliebe für Negativität im Gehirn übertreiben es die meisten von uns.

Und das ist wirklich *ungerecht*. Es ist nicht gerecht, sich auf eine schlechte Nachricht zu konzentrieren und all die guten Dinge zu ignorieren oder herunterzuspielen, die ebenfalls vorhanden sind. Die Ergebnisse dieser Ungerechtigkeit sind unter anderem Angst, Pessimismus, schlechte Stimmung und Selbstzweifel. Die Betonung der schlechten Nachrichten bereitet uns auch darauf vor, anderen nicht zu vertrauen und schlecht mit anderen umzugehen.

Aber wenn wir die Vorliebe unseres Gehirns kompensieren und aktiv auf die guten Nachrichten schauen – besonders die kleinen Dinge, über die wir *froh* sind –, dann sind wir glücklicher, im Frieden mit der Welt und offener für andere. Und wir sind bereit, uns anzustrengen, um unsere Träume zu verwirklichen. Und weil dieses zunehmende Frohsein den Stress verringert, werden wir auch gesundheitlich davon profitieren, beispielsweise durch ein stärkeres Immunsystem.

Nun, das sind gute Nachrichten ... über die guten Nachrichten!

So geht's

Suche nach Dingen, über die du froh sein kannst, wie:

- Schlechte Dinge, die nicht geschehen sind oder nicht so schlimm waren, wie du befürchtet hattest.

- Erleichterung, dass schwere oder stressvolle Zeiten vorbei sind.

- Gute Dinge, die dir in der Vergangenheit geschehen sind.

- Gute Aspekte deines Lebens heute, wie: Freunde, Partner, Kinder, Haustiere, deine Gesundheit, Geschäfte voller Lebensmittel, öffentliche Bibliotheken, Elektrizität, positive Aspekte deiner Arbeit und Finanzen, Aktivitäten, die du genießt, Sonnenuntergänge, Sonnenaufgänge ... Eiscreme!

- Gute Dinge in dir selbst, wie positive Charaktereigenschaften und Absichten.

Gib dich den Erfahrungen des Frohseins hin:

- „Froh" bedeutet „zufrieden mit ..." oder glücklich über ..." Achte darauf, wie es sich anfühlt – in deinen Emotionen, in deinem Körper und in deinen Gedanken – mit etwas zufrieden zu sein oder über etwas glücklich zu sein. Wenn du eine klare Sinnes-Erinnerung eines positiven mentalen Zustandes schaffst, kannst du wieder den Weg dorthin zurückfinden.

- Achte auf kleine, subtile, leichte oder kurze Gefühle des Frohseins.

- Verweile bei den guten Nachrichten. Wechsle nicht so schnell den Sender!

- Achte darauf, ob deine Gefühle des Frohseins von Zweifel oder Sorgen entführt werden. Sei auch ehrlich zu dir selbst und überlege, ob du irgendwie an deinen Feindseligkeiten, an deinen Klagen oder deiner „Anklage" in Bezug auf andere Menschen anhaftest. Es ist in Ordnung, wenn es für dich schwer ist, mit dem Frohsein zu verweilen; es ist wirklich ungewöhnlich. Versuche in deinen Gedanken das, was geschieht, zu benennen – wie „entführt" … „grübeln" … „mürrisch" –, und dann entscheide dich, ob du in die schlechten Nachrichten gehen willst oder ob du dich stattdessen auf gute Nachrichten konzentrieren willst. Triff eine bewusste Entscheidung, erkenne sie an und handle danach.

- Benenne häufiger jeden Tag und vor dem Schlafengehen mindestens drei Dinge, über die du froh bist.

Teile deine Gefühle des Frohseins mit anderen:

- Erinnere dich daran, anderen gegenüber zu erwähnen, womit du zufrieden und worüber du glücklich bist (oft auch nur die kleinen Dinge des Alltags).

- Suche nach Gelegenheiten, um einem anderen Menschen zu sagen, was du an ihm oder ihr wertschätzt.

16

Habe Vertrauen

Beginne diese Übung mit einem kleinen Experiment: Vervollständige in Gedanken oder laut einige Male diesen Satz: „Ich vertraue auf ___." Dann vervollständige auch diesen Satz einige Male: „Ich vertraue nicht auf ___." Wie fühlen sich Vertrauen und Nichtvertrauen an?

In deiner Erfahrung des Vertrauens hast du wahrscheinlich das Gefühl, dass du dich auf etwas verlassen kannst. Vertrauen fühlt sich gut an, und Selbstvertrauen ist eine Form dieses Vertrauens.

Vertrauen entsteht aus der direkten Erfahrung, aus Überlegung, vertrauenswürdigen Quellen und manchmal aus etwas, das sich einfach nur zutiefst richtig anfühlt – und mehr kannst du nicht dazu sagen. Du könntest gleichzeitig auf die biologische Evolution und den Himmel vertrauen. Manchmal scheint dieses Vertrauen offensichtlich, wie die Erwartung, dass dich das Wasser tragen wird, wenn du hineinspringst.

Manchmal ist das Vertrauen aber eine bewusste Entscheidung – ein Akt des Vertrauens –, wie die Entscheidung, zu glauben, dass es deinem Sohn oder deiner Tochter gut gehen wird, wenn er oder sie auszieht, um an die Universität zu gehen.

Auf was vertraust du – draußen in der Welt und in dir?

Ich vertraue zum Beispiel darauf, dass morgen die Sonne aufgeht; ich vertraue meiner Partnerin beim Bergklettern; ich vertraue der Wissenschaft und den Experten; ich vertraue der Freundlichkeit von Fremden; ich vertraue dem guten Geschmack von Pfirsichen; ich vertraue der Liebe meiner Frau; ich vertraue Gott und ich vertraue auf den Wunsch der meisten Menschen, in Frieden zu leben. Und ich habe Vertrauen in meine Entschlossenheit, meine Fähigkeiten bei der Kaffeezubereitung und meinen allgemeinen guten Absichten.

In unserem Gehirn ist Vertrauen (hier allgemein formuliert, wobei auch Annahmen und Erwartungen eingeschlossen sind) ein effizienter Weg, um Ressourcen zu sparen, weil wir nicht jedes Mal alles neu herausfinden müssen. Das innere Empfinden, in dem wir uns auf das Vertrauen verlassen, integriert die präfrontale Logik, die limbische Emotion und die Erregung des Hirnstamms.

Ohne Vertrauen in die Welt und in dich selbst fühlt sich das Leben unsicher und furchterregend an.

Vertrauen gründet dich in dem, was verlässlich und unterstützend ist; es ist das Gegenmittel für Zweifel und Angst. Das Vertrauen stärkt und unterstützt dich beim Umgang mit schwierigen Situationen. Es hilft dir, auf den von dir gewählten Wegen zu bleiben, mit der Überzeugung, dass sie zu guten Orten führen werden. Vertrauen nährt die Hoffnung und den Optimismus, die ein Handeln unterstützen, das zu Ergebnissen führt, die wiederum dein Vertrauen bestätigen – ein wunderbarer, positiver Kreislauf. Das Vertrauen richtet deinen Blick auf den fernen Horizont und richtet ihn auf das Heilige oder Göttliche.

So geht's

Sicher ist eine gesunde Skepsis gut. Aber eine übertrieben skeptische Haltung führt zu einer endlosen Schleife des Misstrauens gegenüber der Welt und zu Selbstzweifeln. Wir müssen darauf vertrauen können, dass wir eine gute Wahl treffen, worauf wir vertrauen! Das bedeutet, dass wir zwei Fallen vermeiden:

- Den *falschen* Menschen oder Dingen zu viel Vertrauen schenken: Menschen, die nicht wirklich für dich da sind; ein Unternehmen oder ein Job,

die sich nicht gut entwickeln; Dogmen oder Vorurteile; oder eine negative Gewohnheit im Denken, die dir schadet – wie Reserviertheit gegenüber anderen, die vielleicht in jüngeren Jahren gut
funktionierte, aber heute als gepanzerter Anzug
wirkt, der drei Größen zu klein ist.

- Den *richtigen* Menschen oder Dingen zu wenig
  Vertrauen schenken: die Bereitschaft der meisten
  Menschen, wirklich zu hören, was wir zu sagen
  haben; die Ergebnisse, die sich schließlich einstellen werden, wenn du dranbleibst; oder die Güte
  im eigenen Herzen.

Fertige also als Erstes eine Liste mit den Dingen an,
auf die du vertraust – sowohl in der Welt als auch in
dir selbst. Du kannst sie in Gedanken aufzählen, auf
ein Blatt Papier schreiben oder mit jemandem darüber sprechen.

Frage dich als Nächstes, wo dein Vertrauen vielleicht
nicht gerechtfertigt ist – in trockene Quellen oder lah-
me Hunde. Überlege auch, ob du einigen Aspekten
deines eigenen Geistes zu sehr vertraust, wie Glaubens-
sätzen, die dir sagen, dass du schwach oder fehlerhaft
bist, dass sich andere nicht um dich kümmern oder
dass du irgendwie zu anderen Ergebnissen kommen
wirst, wenn du weiter den alten Verhaltensweisen folgst.

Dann konzentriere dich auf ein Beispiel des fehlgerichteten Vertrauens und tritt bewusst davon zurück: überlege, wie du es entwickelt hast und was es dich gekostet hat; stell dir die positiven Folgen eines Lebens ohne dieses falsche Vertrauen vor und entwickle eine andere innere Ressource, um es zu ersetzen. Wiederhole diese Schritte für andere Beispiele des fehlgerichteten Vertrauens.

Fertige dann eine zweite Liste mit Dingen an, auf die du mehr vertrauen könntest – in der Welt und in dir selbst. Das sind verpasste Gelegenheiten für dein Selbstvertrauen: Menschen, denen du mehr vertrauen könntest (einschließlich Kindern), Vertrauen in die grundlegende Sicherheit für die meisten Menschen an den meisten Tagen und Vertrauen in deine eigenen Stärken und Tugenden.

Dann wähle ein Beispiel aus und versuche, mehr Vertrauen darin zu haben. Erinnere dich an die guten Gründe, warum du dich darauf verlassen kannst. Stell dir vor, wie mehr Vertrauen darauf dir und anderen helfen wird. Entscheide dich bewusst dafür, daran zu glauben.

Denke als dritten Schritt über einige der guten Eigenschaften und positiven Ziele in deinem innersten Herzen nach. Gib dich ihnen für einen Moment – oder länger – hin. Wie ist das?

Versuche, mehr Vertrauen in die besten Aspekte deiner selbst zu haben. Sie haben dir immer vertraut.

17

Finde Schönheit

Schönheit ist eine *Freude* für die Sinne – einschließlich des „sechsten Sinns" des Geistes.

Wir finden Schönheit in verschiedenen Formen und an unterschiedlichen Orten. Wir müssen nicht in ein Museum gehen, eine Symphonie hören oder ein Gourmetmenü essen, um die Anwesenheit von Schönheit zu spüren.

Hier sind zum Beispiel einige der (vielleicht merkwürdigen) Dinge, die ich schön finde: Eine Pflanze, die durch den gebrochenen Stein wächst. Das Signal eines Zuges bei der Abfahrt. Den Geruch von Zimt. Die Kurven eines Autobahnkreuzes. Küchenmesser. Die Gesichter von Krankenschwestern. Mut. Herabfallendes Wasser. Ein glasierter Donut. Das Gefühl von Kaschmirwolle auf der Haut. Schaum. Frisbees. Schlangen. Geometrische Beweise. Alte, abgenutzte Cent-Stücke. Das Gefühl, beim Fußball den Ball zu ergattern.

Welche Dinge sind für dich schön?

Es gibt so viel Schönheit um uns. Aber ich glaube, die meisten Menschen sind sich dessen nicht bewusst. Das war ganz sicher bei mir so, bevor ich begann, konzentriert und absichtsvoll nach Schönheit zu suchen. Und dann wundern wir uns, warum wir keine Freude im Leben empfinden!

Was fühlst du, wenn du der Schönheit begegnest – auch in ihren alltäglichen Formen? Vielleicht öffnet sich dein Herz, etwas im Geist beruhigt sich, du spürst Freude und deine Stimmung steigt. Die Erfahrung der Schönheit bringt Erleichterung bei Stress, nährt die Hoffnung und erinnert uns daran, dass es vielmehr im Leben gibt, als sich durch Aufgaben hindurchzuarbeiten. Die Empfindung von Schönheit können wir auch teilen – hast du jemals mit einem Freund zusammen einen Sonnenuntergang bewundert? Diese Erfahrung bringt uns anderen näher.

So geht's

Nimm dir jeden Tag einige Momente, um dich der Schönheit zu öffnen. Betrachte die Dinge in deiner Umgebung wirklich – besonders die gewöhnlichen Dinge, die wir oft vernachlässigen, wie den Himmel, Geräte, Gras, Autos, „Unkraut", bekannte

Aussichten, Bücherregale oder Gehwege. Versuche diese Form der Aufmerksamkeit auch auf alltägliche Klänge, Gerüche, Geschmäcke und Berührungen zu richten.

Suche nach Schönheit, wie ein Kind nach Muscheln an einem sonnigen Strand. Öffne dich den Dingen außerhalb der Kategorien „hübsch" und „nett". Lass dich überraschen. Finde Schönheit an unerwarteten Orten.

Spüre es, wenn du Schönheit findest. Öffne dich einem wachsenden Gefühl grenzenloser Schönheit über und unter dir und in allen Richtungen, so als würdest du in einem Meer aus Rosenblütenblättern schweben.

Erkenne die Schönheit in anderen, in ihrem Charakter, ihren Entscheidungen, ihren Opfern und Zielen. Verstehe die Schönheit in gut gemeinten Fehlschlägen, in stiller Entschlossenheit, in Erkenntnissprüngen und in der Freude am Glück anderer. Höre die Schönheit in der Stimme einer Mutter, die ihr Kind tröstet. Höre die Schönheit im Lachen eines Freundes, in dem Geräusch der Kreide auf der Tafel, wenn ein Lehrer etwas schreibt. Sieh die Schönheit im Gesicht eines Babys am Beginn des Lebens und sieh auch die Schönheit im Gesicht eines alten Menschen am Ende seines Lebens.

Erkenne die Schönheit in deinem eigenen Herzen. Vernachlässige das nicht: Andere sind schön, und du bist es auch.

Schaffe Schönheit mit deinen Händen, Worten und Handlungen.

Selbst der Atem ist schön. Atmen ist Schönheit: Lass dich von der Schönheit atmen.

18

Sei dankbar

Wir spüren Dankbarkeit, wenn uns freiwillig etwas Gutes gegeben wird.

Ein großartiger Weg, um die Geschenke, die wir erhalten haben, wertzuschätzen, und uns daran zu freuen, ist die Suche nach Gelegenheiten für Dankbarkeit – die Entwicklung einer „Haltung der Dankbarkeit".

Dankbarkeit bedeutet nicht, dass wir Schwierigkeiten, Verluste oder Ungerechtigkeit ignorieren. Es bedeutet nur, dass wir *auch* den Geschenken, denen wir begegnet sind, Aufmerksamkeit entgegenbringen. Besonders den kleinen Geschenken des Alltags.

Dadurch richten wir unseren Geist mehr und mehr darauf, dass uns positive Dinge begegnen, dass wir unterstützt werden und ein Gefühl der Fülle erfahren können – so wie ein offenes Herz, das einer offenen Hand begegnet.

Immer erfüllter und immer mehr genährt durch das Leben – statt vom Leben erschöpft zu werden –, spüren wir natürlicherweise, dass wir mehr Wertvolles in uns haben und dass wir auch anderen mehr zu geben haben.

Und das hat sehr positive Wirkungen. Studien von Robert Emmons und anderen haben zum Beispiel gezeigt, dass Dankbarkeit mit größerem Wohlbefinden, besserem Umgang mit schwierigen Situationen und sogar mit ruhigerem Schlaf zusammenhängt (McCullough et al., 2001).

So geht's

Verbessere deine Stimmung, indem du an jemanden denkst, dem gegenüber du eine natürliche Dankbarkeit empfindest. Vielleicht einen Freund, einen Elternteil oder die Großeltern, einen Lehrer, ein spirituelles Wesen oder ein Haustier.

Schau dich nun um und achte hier und jetzt und in der Vergangenheit auf Folgendes:

- Die Geschenke der physischen Welt, einschließlich der Sterne am Himmel, der Farben des Regenbogens und der bemerkenswerten Tatsache, dass scheinbar beliebige Konstanten, die dafür sorgen, dass die Atome zusammenhalten, in unserem Universum genau richtig abgestimmt sind, damit sich Planeten formen konnten und sich Leben entwickeln konnte – wodurch wir heute hier sein können.

- Die Geschenke der Natur, wie der Flug eines Vogels, die Geschöpfe, die sterben, damit wir leben können, und unser erstaunliches Gehirn.

- Die Geschenke des Lebens, wie die wunderbaren Informationen zur Entstehung eines Menschen, die in die Stränge der DNA gewoben sind.

- Die Geschenke der Fürsorge, Hilfsbereitschaft, unterstützenden Beratung und Liebe durch andere Menschen.

Diese Geschenke werden uns freiwillig gegeben; niemand kann sie sich verdienen. Wir können nur dankbar für diese Geschenke sein, und in unserer Ecke der Welt tun, was in unseren Kräften steht, um sie gut zu nutzen.

Gib dir selbst die Erlaubnis, diese Geschenke *anzunehmen.* Es wäre unhöflich – undankbar! –, sie abzulehnen.

Wir sollten bedenken, dass Dankbarkeit nichts mit Schuld oder Verpflichtung zu tun hat – beides führt eher dazu, dass es uns schwererfällt, dankbar zu sein. Vielleicht möchtest du im Gegenzug ebenfalls großzügig sein – möglicherweise auch in neue Richtungen, wie zum Beispiel jemandem etwas geben, aus der Wertschätzung heraus, was dir von anderen gegeben wurde –, aber es wird aus einer Großherzigkeit kommen, nicht weil du denkst, dass du jemandem etwas schuldig bist. Durch Dankbarkeit kommen wir von einer Haltung in Beziehungen weg, in der wir ständig Geschäfte machen wollen oder nur so viel geben, wie wir auch bekommen. Stattdessen leben wir aus einem Gefühl des Überflusses, in dem wir uns über alle Maßen genährt und beschenkt fühlen und im Gegenzug unser ganzes Herz hingeben, ohne zu messen, wie viel wir geben.

Achte nun auf die positiven Wirkungen von allem, was dir gegeben wurde. Reflektiere darüber, wie es dir und den Menschen, die dir nahestehen, hilft, und wie es gute Gefühle in dir hervorbringt und im Gegenzug deine eigene Großzügigkeit wachsen lässt.

Achte auch auf die Güte des Gebenden, egal, ob es ein Mensch, die Natur oder das ganze Universum ist – oder, wenn dir das vertraut ist, eine göttliche Gegenwart. Verkleinere die Güte nicht, um zu vermeiden, dass du dich dessen nicht würdig fühlst oder denkst, du wärest nun etwas schuldig. Öffne dich der Güte als der Wahrheit, als ein Zurückgeben an den

Gebenden und als eine Bewegung hin zum wirklichen, großzügigen Geben in deiner Welt.

Und *nimm die Geschenke, die dir begegnen, wirklich in dich auf,* was auch immer sie sein mögen. Lass sie zu einem Teil deiner selbst werden, eingewoben in deinen Körper, dein Gehirn und dein Sein. Wenn du einatmest, wenn du dich entspannst, wenn du dich öffnest – nimm das Gute, das dir gegeben wurde, in dich auf.

19

Lächle

Lächeln hat viele positive Wirkungen:

- Wenn du an Dinge denkst, die ein Lächeln hervorrufen – Menschen, die du liebst, komische Momente, durchschaubare Tricks deiner Katze, lustige Filme –, dann geht es dir gleich besser. Zudem wird dadurch die Stressreaktion beruhigt und positive neurochemische Substanzen wie Dopamin und natürliche Opioide (z. B. Endorphine) werden freigesetzt.

- Forscher haben herausgefunden, dass der Gesichtsausdruck des Lächelns – unabhängig davon, was jemand wirklich innerlich fühlt – den Menschen dazu bringt, die Welt positiver einzuschätzen (Niedenthal, 2007).

- Lächeln und die guten Gefühle, die es unterstützt, stärken *kontaktfreudiges Verhalten,* das heißt, wir schenken den Möglichkeiten um uns herum mehr Aufmerksamkeit, folgen unseren Träumen mit mehr Selbstvertrauen und verbinden uns mit anderen.

- Wenn wir lächeln und uns deshalb besser fühlen und positiver handeln, beeinflussen wir durch die sogenannte *emotionale Übertragung* andere so, dass sie sich auch besser fühlen und positiver handeln. Dann können sich wunderbare positive Kreisläufe durch eine Gruppe bewegen – vielleicht eine Familie, ein Team oder einfach nur ein paar Freunde –, wobei dein Lächeln dazu führt, dass andere lächeln und positiver sind, was wiederum in einem Schneeballeffekt zu noch mehr Lächeln bei dir führt.

- Wenn du lächelst – wenn es authentisch und nicht gekünstelt ist –, dann sagt es den Menschen, dass du keine Bedrohung bist, und das beruhigt die alte evolutionäre Tendenz, anderen gegenüber misstrauisch zu sein, und dadurch werden die Menschen dir gegenüber offener.

So geht's

Hier geht es ganz sicher *nicht* darum, einfach ein nettes Gesicht aufzusetzen, obwohl man Depression, Trauer, Angst oder Wut empfindet. Es wäre unehrlich, in solch einer Situation zu lächeln, und es würde sich wahrscheinlich schrecklich anfühlen. Aber wenn du dich neutral fühlst oder ein leichtes Wohlbefinden erfährst, können ein Lächeln und die Gedanken an gute Dinge, die es real machen, natürlicherweise deine Stimmung heben und dir helfen, effektiver zu handeln.

Fertige in Gedanken oder auf einem Blatt Papier eine Liste der Dinge an, die bei dir ein Lächeln hervorrufen. Achte mehrere Male am Tag auf Momente, in denen du dich an diese Liste – und ein sanftes Lächeln auf deinem Gesicht – erinnern kannst.

Achte auf die Wirkung auf deine eigenen Gefühle und auf dein Handeln gegenüber anderen und auf ihre Reaktionen auf dich. Genieße diese guten Gefühle und Erfolge, nimm sie in dich auf.

Jeden Tag ein paar Male mehr lächeln mag nicht als eine große Sache erscheinen, aber es wird wunderbare kleine Wellen durch dein Gehirn, deinen Körper, deinen Geist und deine Beziehungen senden.

Nun, das ist doch ein Grund zum Lächeln!

20

Sei begeistert

Begeisterung ist Energie plus positive Gefühle und sie ist Teil von Freude, Leidenschaft und Spaß. Die Begeisterung muss nicht stark sein – aber sie verändert uns. Auf meiner „Begeisterungsskala" erreicht das Anschauen der Sterne in einer klaren Nacht eine 2, während der Sieg der San Francisco Giants in der World Series 2010 den Wert 10 erreichte.

Wenn wir Begeisterung in dieser umfassenden Weise verstehen, dann deutet es auf das hin, was dich bewegt – und sei es nur leicht. Wie wirken zum Beispiel die folgenden Dinge auf dich: der Klang von Dudelsäcken, die ersten Schritte eines Kindes, eine Reise an einen unbekannten Ort, der erfolgreiche Abschluss eines Projekts, tanzen, lachen, etwas, das du schon lange Zeit wolltest, im Schlussverkauf finden, oder eine interessante Idee hören?

Natürlich ist es schwer, Begeisterung zu spüren, wenn du krank oder psychologisch belastet bist. Die Unfähigkeit zur Begeisterung ist ein Zeichen dafür, dass etwas nicht stimmt.

Aber unter normalen Umständen fühlt sich das Leben ohne Begeisterung über *etwas* flach, leer und zäh an. Begeisterung befeuert und unterstützt Kreativität, Unternehmergeist, politisches Handeln und ernsthafte Beziehungen. Wenn wir *zusammen* über etwas begeistert sind, entstehen Verbindungen; gemeinsamer Enthusiasmus macht einen Film, ein Konzert, eine politische Aktion, ein Gespräch oder eine Liebe viel erfüllender.

Während der Erziehung wurde vielleicht deine natürliche Lebendigkeit kritisiert, entmutigt oder unterdrückt. Leidenschaft ist insbesondere mit starken Emotionen und Sex verbunden; wenn eines davon mit Scham belegt oder unterdrückt wurde, ist auch die Begeisterung betäubt worden. Ist dir so etwas geschehen? Wenn es so ist, dann öffne nach und nach mehr Raum für Begeisterung in deinem Leben – mehr Raum für Freude, Experimentierlust und Energie. Das ist ein freudvoller Weg, um immer mehr zum Ausdruck zu bringen, wer du bist.

So geht's

Rahmen-trommel (handwritten marginal note)

Finde etwas, was dich begeistert, und sei es nur eine ganz kleine Sache. Spüre die Freude darin. Achte darauf, ob du die Erfahrung durch eine schnelle Einatmung verstärken kannst, vielleicht das Gefühl, dass Energie in deinem Körper ansteigt. Hebe deine Brust und den Kopf und lasse mehr Lebendigkeit in dein Gesicht kommen. Achte auf das Gefühl der Begeisterung und mache in deinem Körper Raum dafür. Beobachte während des Tages, was deine eigene Begeisterungsskala bewegt, besonders auch die subtilen Veränderungen. Suche nach Dingen, die dich begeistern könnten!

Sage dir selbst, dass es in Ordnung ist, begeistert, aufgeregt oder erregt zu sein. Stehe mit einer gewissen Beherztheit im Leben. Denke über die Dinge nach, die dich in deiner Jugend begeisterten: Was ist mit ihnen geschehen? Solltest du eines dieser Dinge abstauben und wieder damit anfangen?

Nimm einen Bereich deines Lebens, der statisch und vielleicht langweilig geworden ist – wie zum Beispiel kochen, ein Job, Hausarbeit, sich wiederholende Dinge in der Kindererziehung und sogar Sex –, und finde Wege, um ihn aufzufrischen. Probiere neue Gerichte, dreh die Musik lauter, werde albern, tanze mit dem Baby, verändere deine Gewohnheiten und so weiter.

Achte darauf, wie du vielleicht deine Begeisterung dämpfst, zum Beispiel durch die Anspannung im Körper, die Betäubung der Gefühle oder durch das Murmeln von Gedanken wie *Falle nicht auf. ... Mute den anderen nicht zu viel zu. ... Sei nicht uncool.* Wenn du die Spielverderber in deinem eigenen Geist achtsamer wahrnimmst, verlieren sie an Einfluss.

Überlege, ob du einige der Übungen zur Steigerung der Energie aus dem Yoga, den Kampfkünsten oder anderen Formen des Sports praktizieren kannst. Dazu gehören auch Übungen, die du sofort probieren kannst: mehrere tiefe Atemzüge nehmen (nicht bis zu Schwindelgefühlen), die Energie im Inneren des Körpers ein paar Zentimeter unter dem Nabel spüren, ein paar Mal auf und abspringen, tiefe kehlige Laute machen (versuche das besser nicht bei der Arbeit!) oder strahlendes Licht visualisieren.

Verbinde dich mit der Begeisterung anderer. Konzentriere dich auf etwas, das einen Freund oder deinen Partner begeistert, und suche darin nach Aspekten, die dir Spaß machen, dich beleben oder für dich interessant sind. Versuche nicht, irgendetwas vorzutäuschen, aber bewege deine Energie nach oben; beschäftige dich tiefer mit der Begeisterung des anderen Menschen, wodurch deine eigene Begeisterung entfacht werden kann.

Mach die Freude anderer nicht schlecht – und lass nicht zu, dass andere deine Freude schlechtmachen. Sicher, wenn du zu aufgeregt wirst, solltest du auf die sozialen Signale achten und entweder deine Energie etwas bremsen oder in eine andere Richtung lenken. Achte darauf, dass Begeisterung für einige Menschen unangenehm sein kann – um ihre eigenen Leidenschaften unter Verschluss zu halten, versuchen sie, auch die Begeisterung anderer Menschen zu dämpfen –, aber ehrlich gesagt ist das ihr Problem und nicht deines. Mit solchen Menschen wirst du vielleicht weniger Verbindungen haben – du wirst andere Menschen finden, die deine Interessen teilen, und du folgst deinem eigenen Rhythmus.

Für mich ist der Kern der Begeisterung Enthusiasmus – ein Wort, dessen Wurzel eine tiefe Bedeutung hat: „bewegt von etwas Außergewöhnlichem, Göttlichem".

3. Teil

Entwickle deine Stärken

21

Finde Stärke

Um deinen Weg durch das Leben zu finden – um
dich an den schönen Dingen zu erfreuen, die es bietet, um Gefahren gewachsen zu sein, um dich selbst
und andere zu schützen und Freundschaft und Liebe
zu finden –, brauchst du Stärke. Keine übertriebene
Aufdringlichkeit, sondern Entschlossenheit und Mut.

Stärke kann viele Formen annehmen, wie Ausdauer;
bei den kleinen Dingen verlieren, um bei den großen
zu gewinnen; und Zurückhaltung. Wenn man zum
Beispiel ein Boot am Rand einer Kaimauer bewegen
möchte, wird es nichts bringen, wenn man es direkt
an die Wand fährt, denn das wird nur zu Verletzung
führen. Stattdessen ist es besser, wenn man am Rand
steht und das Boot mit der Hand bewegt und mit der
Bewegung mitgeht. Stärke geht mit der Bewegung.

Innere Stärke ist keine Haltung des alles oder nichts.
Wir können sie entwickeln, genauso wie einen Muskel.

So geht's

Mentale Stärke beruht auf körperlicher Gesundheit und dafür ist Folgendes empfehlenswert: bei jeder Mahlzeit Protein essen; täglich Nahrungsergänzungen mit Vitaminen und Mineralien einnehmen; mehrmals täglich Sport treiben; jede Nacht sieben bis neun Stunden schlafen; keinen oder wenig Alkohol trinken; und chronische Gesundheitsprobleme behandeln lassen, auch scheinbar kleine Störungen. Wenn du diesen Verhaltensweisen noch nicht folgst, wie wäre es, heute damit zu beginnen?

Fertige eine Liste deiner Stärken an, wie Intelligenz, Ehrlichkeit, Schmerz ertragen können, besondere Talente, die Fähigkeit, das Gute in anderen erkennen zu können, oder einfach nur überleben. Die Wertschätzung deiner Stärken wird dir helfen, dich stärker zu fühlen. Wenn es angemessen ist, frage jemanden, was seiner Ansicht nach deine Stärken sind.

Denke an einige der guten Dinge, für die du deine Stärken verwendest, wie beispielsweise deinen Lebensunterhalt zu verdienen, für eine Familie zu sorgen, dich als Mensch zu entwickeln oder die Welt zu verbessern. Sage dir selbst: *Es ist gut, wenn ich stark bin. Durch meine Stärke kann ich dazu beitragen, dass etwas Positives geschieht. Gute Menschen wollen, dass ich stark bin; jeder, der mich lieber schwach sieht, ist nicht auf meiner*

Seite. Achte auf alle Glaubenssätze, die dir sagen, dass es schlecht sei, stark zu sein ... und dann richte deine Aufmerksamkeit wieder zurück auf die guten Gründe dafür, stark zu sein.

Um dein Gefühl der Stärke zu intensivieren, erinnere dich an Momente, in denen du dich stark gefühlt hast. (Für mich waren es Momente, wenn ich mich für jemand anderen eingesetzt habe, oder körperliche Aktivitäten wie das Wandern in der Wildnis.) Wie fühlte sich in diesem Moment dein Körper an? Welche Haltung und Sichtweise hast du eingenommen, welcher Absicht bist du gefolgt? Untersuche, wie es ist, jetzt, in diesem Moment, Stärke zu verkörpern: Hebe vielleicht das Kinn, erweitere deinen Stand oder atme tief. Nimm diese körperlichen Empfindungen und Haltungen der Stärke in dich auf, damit du dich wieder in sie hineinversetzen kannst.

Achte darauf, wie gut es sich anfühlt, stark zu sein. Spüre das Wohlgefühl in deinem Körper, vielleicht eine stille Kraft und Entschlossenheit. Genieße das Selbstvertrauen und das Gefühl des Möglichen, das durch die Stärke hervorgerufen wird. Nimm wahr, wie deine Stärke deine Fürsorge, dein Beschützen und deine Liebe unterstützt.

Sage dir selbst, dass du stark bist, dass du Ausdauer und Geduld hast, dass du mit Schwierigkeiten umgehen und erfolgreich sein kannst. Du bist stark genug, um deine Erfahrung im Gewahrsein zu halten, ohne davon überwältigt zu werden. Der Wind des Lebens kann wehen und auch stürmisch werden, aber du bist ein tief verwurzelter Baum und der Wind macht dich sogar noch stärker.

Und wenn der Wind sich gelegt hat, stehst du immer noch da und spendest Schutz und Schatten, Blüten und Früchte. Stark und verlässlich.

22

Sei achtsam

Wie wir in der Einführung dieses Buches gesehen haben, können die Bewegungen von Informationen durch dein Nervensystem – was ich als „mentale Aktivität" bezeichne und wovon der größte Teil unbewusst ist – lang anhaltende Veränderungen in der Struktur des Gehirns bewirken: „Neuronen, die zusammen aktiviert werden, vernetzen sich." Insbesondere wird diese Veränderung durch das verstärkt, was im Feld unserer konzentrierten Aufmerksamkeit ist. Somit ist Aufmerksamkeit wie die Kombination einer Taschenlampe und eines Staubsaugers: Sie erhellt das, worauf sie gerichtet ist, und saugt es dann in dein Gehirn.

Weil die Aufmerksamkeit zum großen Teil unserer willentlichen Kontrolle unterliegt – du kannst sie durch bewusste Anstrengung ausrichten –, steht dir ein außergewöhnliches Werkzeug zur Verfügung, um den ganzen Tag über dein Gehirn in positiver Weise zu formen. Leider haben die meisten Menschen keine sehr gute Kontrolle über ihre Aufmerksamkeit: Es ist schwer für sie, ihre Aufmerksamkeit dort ruhen zu lassen, wo sie wollen, und sie dorthin ausgerichtet zu halten – wie bei einer wichtigen, aber langweiligen Konferenz oder die Empfindungen eines Atemzuges nach dem anderen. Und es ist ebenso schwierig, die Aufmerksamkeit von Dingen wegzuziehen, die nicht hilfreich sind, wie sinnlose Sorgen, selbstkritisches Grübeln oder zu viel Fernsehen. Zu den Gründen zählt das Temperament (zum Beispiel ängstlich, lebhaft), die persönliche Geschichte (zum Beispiel Verluste oder Traumata, die uns nicht in Ruhe lassen) und unsere hyperstimulierende Kultur mit den weitverbreiteten Aufmerksamkeitsdefizit- und Hyperaktivitätsstörungen.

Glücklicherweise kann man die Aufmerksamkeit trainieren. Wir können wirklich eine bessere Kontrolle über unsere Taschenlampe/unseren Staubsauger entwickeln. Und hierbei spielt Achtsamkeit eine Rolle – was einfach bedeutet, dass man längere Zeit die Aufmerksamkeit auf einer bestimmten Sache halten kann. Wenn du Achtsamkeit praktizierst, wirst du mehr Kontrolle über deine Aufmerksamkeit gewinnen.

Du könntest achtsamer mit deiner Umgebung umgehen – beispielsweise mit wichtigen Details in deiner Arbeit, den tieferen Wünschen deines Partners/deiner Partnerin, mit blühenden Blumen und lächelnden Kindern oder wo du deine Autoschlüssel hingelegt hast. Du könntest auch mit deiner inneren Welt achtsamer umgehen, wie beispielsweise mit den weichen Gefühlen der Verletzung unter der harten Wut, deinen guten Absichten und der grundlegenden Anständigkeit oder mit unrealistischen Erwartungen, die zu Enttäuschungen führen.

Achtsamkeit hat viele positive Wirkungen. Sie bringt wichtige Informationen über das, was in deiner Umgebung und in dir geschieht. Sie hilft dir, deine Erfahrung zu beobachten, ohne davon überwältigt zu werden, denn du kannst sie in einem größeren Kontext halten. Wenn dein achtsames Gewahrsein stärker wird, haben negative Erfahrungen weniger Wirkung auf dich. Und die Dauer und Intensität dessen, worauf du deine Aufmerksamkeit richtest, neigt dazu, die dementsprechenden Spuren im Gehirn zu verstärken. Deshalb hilft dir Achtsamkeit dabei, positive Erfahrungen anzunehmen.

In gewissem Maße wurde Achtsamkeit mit dem Buddhismus gleichgesetzt, aber alle Weltreligionen und moralischen Traditionen legen großen Wert darauf, achtsam zu sein – im Gegensatz zum Achtlossein!

Zudem wird Achtsamkeit mehr und mehr auch in säkularen Bereichen gelehrt, wie zum Beispiel in Krankenhäusern, Firmen, Schulen, im Profisport und in der militärischen Ausbildung.

Studien haben gezeigt, dass die regelmäßige Übung der Achtsamkeit folgende Wirkungen hat:

- die Dicke von kortikalen Schichten in Bereichen des Gehirns, die die Aufmerksamkeit kontrollieren, nimmt zu (damit du besser aufmerksam sein kannst) (Lazar et al., 2005)

- die neuralen Verbindungen in der Insula, einem Teil des Gehirns, der Selbst-Gewahrsein und Empathie für die Emotionen anderer unterstützt, nehmen zu (Lazar et al., 2005)

- die relative Aktivität des linken präfrontalen Kortex (hinter der linken Stirn), die dir hilft, negative Emotionen zu kontrollieren und zu reduzieren, wird verstärkt (Davidson, 2004)

- das Immunsystem wird gestärkt (Davidson et al., 2003)

- die Wirkung von Schmerz wird reduziert und die Genesung nach Operationen beschleunigt (Kabat-Zinn 2003; Kabat-Zinn, Lipworth und Burney, 1985)

Ziemlich gut für eine einfache Methode – Achtsamkeit –, die effektiv und überall verfügbar ist, nicht wahr?

So geht's

Achtsamkeit ist natürlich. Du bist dir schon jeden Tag
vieler Dinge achtsam bewusst. Das Problem ist, dass
die meisten von uns nur einige Sekunden durchge-
hend achtsam sein können. Der Trick besteht darin,
dass wir mehr „Episoden" von Achtsamkeit haben,
sie verlängern und vertiefen.

Reserviere dir also jeden Tag eine Minute oder
mehr Zeit, um absichtsvoll achtsam zu sein – konzentriere dich dazu auf ein bestimmtes Objekt der
Aufmerksamkeit (z. B. die Empfindungen des Atems)
oder öffne dich dem, was sich durch dein Gewahrsein
bewegt. Du kannst diese Momente der Achtsamkeit
zu längeren Perioden der Meditation ausdehnen, wodurch dein Geist immer klarer und friedlicher wird.

Nimm dir dann im Laufe des Tages einige zusätzliche Momente der Achtsamkeit, wobei du dir ständig
dessen bewusst bist, was um dich herum und in dir
geschieht. Wenn du möchtest, kannst du sich wiederholende Tätigkeiten als Erinnerungen für Achtsamkeit
nutzen, wie zum Beispiel die Mahlzeiten, das Klin-
geln des Telefons oder wenn du durch eine Tür gehst.

Es wird deine Achtsamkeit unterstützen und vertiefen und eine Haltung der Neugier, Offenheit, nicht
wertenden Akzeptanz und sogar eine Art von Freundlichkeit zu den Dingen bringen, derer du dir bewusst

bist. Versuche auch, ein grundlegendes Gewahrsein dafür zu entwickeln, wie achtsam du bist; als Folge dessen richtest du deine Aufmerksamkeit … auf die Aufmerksamkeit, was viele positive Wirkungen haben wird. Wie der erste große amerikanische Psychologe William James vor über einem Jahrhundert schrieb (1890, S. 424): „Die Fähigkeit, die abschweifende Aufmerksamkeit immer wieder absichtsvoll zurück-zubringen, ist die Wurzel von Urteilskraft, Charak-terstärke und Wille … Eine Bildung, die diese Fä-higkeit verbessert, wäre die Bildung par excellence."

23

Sei geduldig

Es ist völlig in Ordnung, wenn wir möchten, dass Dinge zum richtigen Zeitpunkt geschehen. Aber was machen wir, wenn wir einige Jahre in einem Job aushalten müssen, bevor wir eine bessere Stelle finden? Oder am Telefon in einer Warteschleife sind und der Musik zuhören? Oder wenn wir jeden Tag zum Briefkasten gehen, in der Erwartung eines bestimmten Briefes, oder versuchen, ein unruhiges Baby in einen Autositz zu setzen?

Geduld bedeutet, dass wir mit Verzögerung, Schwierigkeiten oder unangenehmen Situationen angemessen umgehen können. Die Situationen können wir nicht ändern, aber Geduld schützt uns wie ein Stoßdämpfer vor ihrer Wirkung.

Im Gegensatz dazu interpretiert die Ungeduld die Umstände so, als würdest du behindert oder falsch behandelt werden, und dadurch fühlst du dich frustriert, enttäuscht oder verärgert. Und dann forderst du: „Das muss anders werden!" Aber du kannst diesem Befehl per Definition nicht gerecht werden (sonst gäbe es nichts, worauf du mit Ungeduld reagieren müsstest). Ungeduld verbindet alle drei Zutaten von toxischem Stress: unangenehme Erfahrungen, Druck oder Eile und ein Mangel von Kontrolle.

Ungeduld gegenüber anderen enthält implizite Kritik und Gereiztheit – und die Menschen wollen mit beidem nichts zu tun haben. Erinnere dich einfach daran, wie es sich anfühlt, wenn jemand dir gegenüber ungeduldig ist. Oder denke daran, wie andere reagieren, wenn du ihnen gegenüber ungeduldig bist.

Ungeduld ist Unzufriedenheit; es ist ein Widerstand gegen die Dinge, so wie sie sind. Geduld spürt ein grundlegendes Gutsein, und das ist die Öffnung zur Zufriedenheit. Ungeduld ist wütend; Geduld ist friedlich. Ungeduld verengt uns auf das, was „falsch" ist, während die Geduld uns weit geöffnet hält für die umfassendere Perspektive. Ungeduld kann nicht mit unangenehmen Gefühlen umgehen; Geduld hilft uns, körperlich und emotional unangenehme Situationen zu tolerieren. Ungeduld will *jetzt* die Ergebnisse; durch Geduld können wir auf positive Resultate warten, was zu erfolgreicherem Handeln und einem stärkeren Selbstwertgefühl führt.

Geduld mag wie eine oberflächliche Tugend erscheinen, aber darin ist in Wirklichkeit eine tiefe

Einsicht in die Natur der Dinge: Sie sind miteinander verwoben, ungeordnet, unvollkommen – und meistens geht es dabei nicht um dich. Geduld enthält auch eine wunderbare Lehre über das Begehren: Wünsche dir etwas, aber sei im Frieden damit, wenn du es nicht bekommst. Geduld weiß, dass du den Fluss nicht schneller fließen lassen kannst.

So geht's

Um einen Überblick zu erhalten, denke über diese Fragen nach:

- Wie fühlt sich Geduld für dich an?
  Und Ungeduld?

- Was fühlst du bei jemandem, der wirklich geduldig ist? Und bei jemandem, der sehr ungeduldig ist?

- Was macht dich ungeduldig?

- Was hilft dir, geduldig zu sein?

In herausfordernden Situationen:

- Versuche dich von Gedanken zu lösen, die dich ungeduldig machen, wie Rechthaberei, Überheblichkeit oder Unnachgiebigkeit. Erinnere dich daran, dass die Erwartungen in verschiedenen Kulturen unterschiedlich sind. Erinnere dich daran, dass es (meistens) nichts gibt, was wirklich dringend ist.

- Sei dir aller Körperempfindungen oder Emotionen bewusst, die durch Verspätung oder Frustration ausgelöst werden – und achte darauf, ob du sie tolerieren kannst, ohne darauf mit Ungeduld zu reagieren. Entspanne deinen Körper, komm in den gegenwärtigen Augenblick und öffne dich dem Gefühl, dass du jetzt im Grunde gut bist.

- Wenn du in Situationen bist, die deine Geduld auf die Probe stellen, finde Dinge oder Tätigkeiten, die positiv für dich sind, statt das Gefühl zu haben, dass du Zeit „vergeuden" würdest. Sieh dich beispielsweise um und betrachte etwas Schönes. Achte auf deinen Atem, während du deinen Körper entspannst, und sende gute Wünsche an andere. Sieh dich selbst nicht so, als würdest du in einer Situation „warten", sondern untersuche vielmehr das Gefühl, darin zu „sein". Genieße die Zeit.

- Versuche Mitgefühl für andere zu haben, die im Weg zu sein scheinen oder zu lange brauchen. Eines meiner Lieblingsärgernisse sind Menschen, die in der Mitte der Tür herumstehen, aber kürzlich ist mir klar geworden, dass sie gar nicht merken, dass sie anderen den Weg versperren.

- Wähle ein Gespräch – oder gar eine ganze Beziehung – und gehe absichtsvoll geduldiger damit um. Du könntest langsamer und umsichtiger reagieren (und nicht unterbrechen), lass dem anderen mehr Zeit zum Sprechen und lass kleine Dinge, über die du dich ärgern könntest, vorbeiziehen.

- Spiele mit gewohnten Situationen – wie einer Mahlzeit –, und nimm dir einige zusätzliche Sekunden oder Minuten Zeit, bevor du beginnst, deinen Geduldsmuskel zu stärken.

- Biete Geduld als ein *Geschenk* an – für andere, die mit ihren eigenen Problemen zu tun haben, und für dich selbst, weil du glücklich sein möchtest. Das Leben ist wie eine weite Landschaft mit weichem Gras und scharfen Dornen; Ungeduld führt uns zu den Dornen, mit Geduld ziehen wir uns schützende Schuhe an.

24

Genieße Demut

Einige denken vielleicht, dass Demut bedeutet, wir wären weniger wert als andere, eine Art Fußabtreter für andere. So als wären wir Menschen zweiter Klasse und müssten uns ständig zurücknehmen.

Aber in Wirklichkeit ist es nichts davon. *Demut* bedeutet einfach, dass wir aus dem Hamsterrad der Selbst-Überhöhung aussteigen. Wir versuchen nicht, unser Ego aufzublasen, andere Menschen zu beeindrucken oder mit anderen um den Status zu konkurrieren. Wir sind nicht von uns selbst eingenommen. Was für eine Erleichterung!

Die Wurzel des englischen Wortes für Demut, „humility", geht auf das lateinische Wort für „Boden" zurück. Mit Demut ruhst du wie die Erde: fest, schlicht und bescheiden – du schaffst Werte, ohne großes Brimborium.

Demut ist nicht das Gleiche wie Demütigung. In der Tat stärkt eine entspannte Demut dein Selbstvertrauen: Du weißt, dass deine Absichten gut sind, und du erwartest, dass andere dich wahrscheinlich unterstützen.

In Beziehungen schafft Demut Geborgenheit und Leichtigkeit. Demut ist wie eine offene Hand, ohne die Waffen der Überheblichkeit, Geringschätzung und Selbstbezogenheit. Wir sind offen für andere und gehen nicht davon aus, dass wir alles wissen. Dadurch fühlen sich andere Menschen nicht so leicht kritisiert, und es besteht eine geringere Wahrscheinlichkeit, dass sie sich verteidigen wollen und mit uns konkurrieren. Wenn wir nicht nach Lob suchen, werden wir uns unseres natürlichen Wertes bewusst – den dann auch andere leichter sehen können. Je weniger wir darauf achten, dass wir wertgeschätzt werden, desto mehr Wertschätzung werden wir erfahren.

Demut ist ein Ausdruck von Weisheit. Sie erkennt, dass jeder, selbst der Größte, demütig wird im Angewiesensein auf ein umfassendes Netz von Beziehungen – mit Menschen, Technik, Kultur, Natur, Sonnenlicht und Biochemie –, um auch nur einen Tag lang leben zu können. Und am Ende des Ganzen werden wir alle zu Staub. Demut hilft dir, mit diesen Tatsachen in Frieden zu sein.

So geht's

Gesunde Demut beruht auf gesundem Selbstwert.
Demut zu spüren, bedeutet *nicht,* dass wir uns min-
derwertig fühlen. Wenn es dir so wie mir geht und
Selbstwertgefühl etwas ist, an dem du arbeiten musst,
dann nimm dir Zeit, um mit den Übungen *Nimm das
Gute in dich auf* und *Sieh das Gute in dir* schrittweise
die innere Anerkennung deiner guten Eigenschaften
zu vertiefen (2. und 5. Kapitel). Sei achtsam für alle
Schwierigkeiten mit deinem Selbstwertgefühl, die
dazu führen könnten, dass du versuchst, es mit Überheblichkeit, dem Aufblasen deines Rufes oder mit Prä-
ventivschlägen der Überlegenheit zu kompensieren.

Demütig sein bedeutet auch nicht, dass wir falsche
Behandlung durch andere tolerieren. Erhebe deine
Stimme und tu, was du kannst. Wenn du weißt, dass
du bereit bist, dich zu verteidigen, kannst du dich
besser in die Ungeschütztheit der Demut entspannen.

Ein demütiger Mensch wünscht allen Wesen Gutes – auch sich selbst. Wir können weiterhin große
Träume träumen (40. Kapitel) und alles dafür tun,
dass sie Wirklichkeit werden. Mit Demut ist nicht
Ruhm unser Ziel, sondern eine innere Verfeinerung.

Sei dir selbst gegenüber ehrlich, in welchen Be-
langen du nicht demütig bist – jedes Mal, wenn du
stolz warst, anderen etwas vorgemacht hast, dich selbst

mit Übertreibungen in ein gutes Licht stellen wolltest oder dachtest, dass dir etwas zusteht. Versuche besonders jede Abneigung gegen Demut in Beziehungen zu finden, wenn du beispielsweise überheblich handelst oder so, als wärest du besser, als der andere, oder wenn du (auch nur subtil) abschätzig und abwertend handelst. Begib dich stattdessen mit anderen Menschen in einen Flow: Sei bescheiden, versuche nicht, dein Argument durchzubringen und nimm dir in einem Gespräch nicht mehr Raum oder Lob, als angemessen ist.

Im Gehirn werden die Hintergrundgeräusche der selbstbezogenen Glaubenssätze – *Da habe ich richtig gut geklungen ... Ich hoffe, sie haben es gemerkt ... Ich wünschte, andere würden mich öfter loben ... Ich will etwas Besonderes sein* – von Bereichen im Kortex in der oberen Mitte des Gehirns unterstützt. Wenn du aus diesem Strom heraustrittst und einfach nur mit dem präsent bist, was ist, ohne es zu einer Geschichte über dich selbst zu machen, werden andere Netzwerke aktiviert, besonders an den Seiten (vor allem rechts) des Kopfes (Farb et al., 2007). Du kannst diese Netzwerke stimulieren und dadurch einige der neuronalen Substrate der Demut stärken, indem du

- eine umfassende, weite Perspektive der Situationen einnimmst und deinen Anteil an ihnen.

- deinen Atem als ein unteilbares Ganzes wahrnimmst, wobei all die Empfindungen im Gewahrsein als eine einzige Gestalt erscheinen (im Gegensatz zu einer Aufmerksamkeit, die von Empfindung zu Empfindung hüpft, wie sie es normalerweise tut).

Erforsche Demut auch auf globaler Ebene. Achte zum Beispiel auf alle Annahmen, dass dein politischer Standpunkt, deine Nation oder deine Spiritualität anderen überlegen ist. Denke auch an deinen Verbrauch der Ressourcen des Planeten aus der Perspektive der Demut; möchtest du hier irgendetwas verändern?

Und sei dir in alledem der positiven Wirkungen der Demut bewusst. Achte darauf, dass Demut deinen Alltag einfacher macht, dich von Konflikten mit anderen fernhält und dir Frieden bringt.

25

Halte inne

Wenn ich in der therapeutischen Praxis mit einem Kind arbeite, das bessere Selbstkontrolle lernt, dann frage ich manchmal, ob es gern ein Fahrrad ohne Bremsen fahren würde. Die Antwort – selbst von den Lebhaftesten unter ihnen – ist immer nein. Sie verstehen, dass keine Bremsen zu haben entweder eine langweilige Fahrt oder einen Zusammenstoß bedeutet. Durch das Bremsen können wir paradoxerweise schneller fahren und haben dabei mehr Spaß.

Im Leben ist es genauso. Ob wir mit Kritik bei der Arbeit zu tun haben, mit einem Partner, dessen Gefühle verletzt wurden, einem inneren Drang, verbal zu explodieren, oder einer Möglichkeit zur Befriedigung eines Wunsches, die später negative Folgen haben wird – wir müssen in der Lage sein, für einen Augenblick auf die Bremse zu treten und *innezuhalten*. Sonst stoßen wir auf die eine oder andere Art zusammen.

Dein Gehirn arbeitet durch eine Kombination von Anregung und Hemmung: Gaspedale und Bremsen. Nur zehn Prozent der Neurone des Gehirns sind hemmend, aber ohne ihren lebenswichtigen Einfluss würde es in unserem Gehirn zum Zusammenstoß kommen. Einzelne Neurone, die überstimuliert sind, werden beispielsweise absterben und bei Krampfanfällen gibt es eine Art Endlosschleife der Erregung.

Im Alltag gibt uns das Innehalten das Geschenk von Zeit. Zeit, damit andere etwas sagen können, ohne das Gefühl zu haben, unterbrochen zu werden. Zeit, um herauszufinden, was wirklich los ist, sich zu beruhigen und zu zentrieren, die Prioritäten zu finden und eine gute Reaktion vorzubereiten. Zeit, um erhitzte Gefühle mit kühler Vernunft zu betrachten, und enge Meinungen mit Offenherzigkeit zu weiten. Zeit, damit die guten Engel unseres Wesens in unserem Geist fliegen können.

So geht's

Gönne dir selbst den Luxus, *nicht* zu handeln. Manchmal verfangen wir uns so sehr in unaufhörlichem Tun, dass das Tun zur Gewohnheit wird. Finde deinen Frieden darin, manchmal einfach nur zu *sein*.

Halte einige Male am Tag für einige Sekunden inne und verbinde dich mit dem, was gerade in dir geschieht, besonders unter der Oberfläche. Nutze diese Pause, um Raum für deine Erfahrung zu machen, so als würdest du eine lang verschlossene Kammer zu einem großen Raum erweitern. Begegne dir selbst.

Bevor du eine gewohnte Handlung vollziehst, nimm dir einen Moment, um vollkommen präsent zu sein. Nutze dazu die Mahlzeiten, das Starten des Autos, das Zähneputzen, Duschen und Telefonieren.

Wenn jemand etwas zu dir gesagt hat und seinen letzten Satz gesprochen hat, lass dir mit der Antwort etwas länger Zeit als gewöhnlich. Lass das Gewicht der Worte des anderen – und noch wichtiger, die darunterliegenden Anliegen und Gefühle des Menschen – wirklich in dich einsinken. Achte darauf, wie sich dieses Innehalten auf dich auswirkt – und wie es auch die Reaktion des anderen auf dich verändert.

Wenn eine Interaktion heikel oder hitzig ist, verlangsame sie. Du kannst das für dich tun, auch wenn der andere unablässig weiterredet. Ohne provozieren zu wollen, könntest du einige Sekunden mehr Stille (oder sogar noch länger) erlauben, bevor du antwortest oder in einer angemesseneren Weise sprichst.

Wenn es nötig ist, kannst du die Interaktion unterbrechen und vorschlagen, das Gespräch später fortzusetzen – du kannst dir eine Auszeit nehmen oder (als letzte Möglichkeit) dem anderen sagen, dass du das Gespräch beenden möchtest, und den Telefonhörer auflegen. In den meisten Beziehungen brauchst du nicht die Erlaubnis des anderen, um eine Interaktion zu beenden! Natürlich wird eine Unterbrechung mitten im Gespräch (das sich zu einem Schlagabtausch entwickelt hat) leichter möglich sein, wenn du eine neue, realistische Zeit vorschlägst, um das Gespräch weiterzuführen.

Bevor du etwas tust, das später Probleme bringen könnte – dich betrinken, etwas Teures mit der Kreditkarte kaufen, eine gereizte E-Mail verschicken oder über jemanden hinter seinem Rücken sprechen –, halte inne und sieh die Konsequenzen voraus. Versuche, sie dir so real wie möglich vorzustellen: das Gute, des Schlechte und das Hässliche. Und dann entscheide dich.

Und als Letztes: Halte jeden Tag für eine Minute oder länger vollkommen inne. Sitze einfach – als entspannter und atmender Körper. Lass Gedanken und Gefühle kommen und gehen, wie sie es natürlicherweise tun, und jage ihnen nicht nach. Du musst nirgendwohin gehen, nichts tun, niemand sein. Höre auf mit dem Tun, versenke dich ins Sein.

26

Finde Einsicht

Sei die *Einsicht* – damit meine ich, dass du dich selbst verstehst, besonders wie dein Geist deine Reaktionen auf die Dinge konstruiert.

Nehmen wir einmal an, ich wäre gerade erst von einem anstrengenden Tag bei der Arbeit nach Hause gekommen und meine Frau umarmt mich und fragt im Vorübergehen: „Hast du Eier gekauft?" (was wir nicht besprochen hatten; ich wusste nicht, dass wir welche brauchen) – und ich werde gereizt, angespannt im Körper und etwas traurig. Was geschieht hier?

Ihre beiläufige, neutrale Frage nach den Eiern – der *Stimulus* – führte zu einer *Reaktion* der Gereizt-heit, Anspannung und Traurigkeit, *aufgrund* verschie-dener Faktoren, die in meinem Geist anwesend waren: Stress, eine Empfindsamkeit gegenüber möglicher Kritik (dass ich die Eier vergessen habe) durch das Aufwachsen mit einer übertrieben kritischen (und trotzdem sehr liebevollen) Mutter und meine Schuldgefühle in Bezug darauf, dass ich nicht genug Hausarbeit mache. Wenn diese Faktoren verschwinden würden, wäre auch mein Ärger beruhigt.

· Erinnere dich an Situationen, über die du dich in Maßen geärgert oder über die du dir Sorgen gemacht hast: Wie hast du darauf reagiert und *warum* hast du so reagiert? Denke an Stress, Erschöpfung, dein Temperament, wie du bestimmte Ereignisse interpretierst, deine Geschichte mit anderen Beteiligten und die Wirkung deiner Kindheit.

Wie bei jedem anderen kommen deine Reaktionen aus den *Ursachen* in deinem eigenen Geist. Wenn du also die Ursachen verändern kannst, kannst du auch deine Reaktionen zum Besseren verändern:

- Du kannst sehen, wie dein Geist in dem betreffenden Moment deine Wahrnehmungen gefärbt und deine Emotionen aufgeladen hat. Und das kann deine Reaktionen vollkommen verändern – manchmal schnell und dramatisch, wie das Erwachen aus einem schlechten Traum.

- Mit der Zeit kannst du die mentalen Faktoren verändern, die deinem Wohlbefinden, deinen Beziehungen und deiner Effektivität schaden – oder du kannst sie besser kontrollieren.

So geht's

Beginne damit, deine Aufmerksamkeit von den äußeren Ursachen deiner Reaktionen – wie etwas, das jemand zu dir gesagt hat – auf die inneren Ursachen *in deinem eigenen Geist* zu richten. Dazu gehört, wie du das Gesagte interpretierst, beim Sprecher Absichten vermutest oder dich aufgrund der Geschichte mit dem betreffenden Menschen besonders gereizt fühlst.

Der Geist ist wie ein großes Schloss, mit gemütlichen Ecken, staubigen Kammern und feuchten Kellern. Einsicht untersucht das Schloss, öffnet verschlossene Türen und versucht zu verstehen, was sich darin findet: manchmal eine Schatztruhe und manchmal stinkende alte Schuhe – aber ehrlich gesagt, sind es doch meistens Schätze, einschließlich deines natürlichen Gutseins, deiner ehrlichen Anstrengungen und deiner liebenden Güte.

Aber wenn wir uns umschauen, kann es uns trotzdem Angst einflößen (besonders wenn wir in diese Keller gehen).

Diese Empfehlungen können uns helfen, uns nicht abschrecken zu lassen:

- Erinnere dich an die positiven Wirkungen der Einsicht. Ich bin zum Beispiel sehr unabhängig, deshalb erinnere ich mich immer wieder daran, dass die stärksten Kräfte, die mich kontrollieren, in Wirklichkeit in meinem eigenen Kopf sind (z. B. Glaubenssätze, die von der Kindheit übrig geblieben sind). Wenn ich sie verstehe, werden sie nicht so viel Macht über mich haben.

- Werde dir des Gefühls bewusst, mit jemandem zusammen zu sein, dem du wirklich wichtig bist – wie ein Freund oder eine Freundin, der oder die mit dir eine dunkle Straße entlanggeht. Wie man bei den Anonymen Alkoholikern sagt: „Der Geist ist eine gefährliche Gegend, geh nicht alleine dorthin."

- Respektiere, was du findest, ohne es gut oder schlecht zu machen. Es ist nur eine Empfindung, ein Gefühl, ein Gedanke oder ein Wunsch – nicht du selbst. Versuche, eine akzeptierende Haltung einzunehmen, statt selbstkritisch zu sein, und sei mitfühlend, statt dir selbst oder anderen die Schuld zu geben. Jeder, auch ich, hat wildes Zeug im eigenen Geist – der Geist ist ein echter Dschungel!

Nutze die Vorschläge in der Aufzählung oben und schau dich in deinem eigenen Geist um. Richte deinen Blick unter die Oberfläche und stell dir eine oder mehrere dieser Fragen:

- Welche sensiblen Empfindungen – wie Verletzung, Trauer oder Angst – liegen unter harten Schutzreaktionen wie Wut und Rechtfertigungen?

- Was will ich wirklich, ganz im Innern? Welche positiven Sehnsüchte liegen unter negativen Verhaltensweisen? Wie zum Beispiel der normale Wunsch nach Sicherheit an der Wurzel des ängstlichen Nachgrübelns.

- Welche Inhalte stammen aus einer Zeit, als ich jünger war? (Zum Beispiel: Weil ich oft aus Gruppen in der Schule ausgeschlossen war, fühle ich mich manchmal immer noch als Außenseiter in Gruppen, obwohl das gar nicht der Fall ist.)

- Worin habe ich mich festgefahren? Wie die Fixierung auf eine Position oder ein Ziel – oder sogar ein Wort. Versuche nicht, etwas zu kontrollieren, was nicht kontrollierbar ist (z. B. ob dich jemand liebt).

- Wie beeinflusst mein Geschlecht meine Reaktionen? Oder mein Temperament, meine kulturelle und ethnische Herkunft oder meine Persönlichkeit?

Du kannst diese Methoden für Einsicht jederzeit anwenden, wenn sich etwas zeigt, das du tiefer untersuchen möchtest. Du kannst sie nutzen, um einem besonderen Thema auf den Grund zu kommen, wie zum Beispiel eine Empfindlichkeit für Kritik, eine Sehnsucht nach Anerkennung, Spannung mit deinen Eltern oder die Anstrengungen, um mit jemandem eine gute Beziehung zu beginnen. Was immer du auch findest, versuche, dich zu entspannen und dich dem zu öffnen. Sei es nützlich oder nicht nützlich, letztendlich sind es nur Möbel im Schloss deines Geistes.

27

Nutze deinen Willen

Das Leben hält Herausforderungen für uns bereit. Um ihnen begegnen zu können, musst du durch Schwierigkeiten gehen, dich anderen Menschen zuwenden, problematische Wünsche zurücknehmen und heilsamen Wünschen nachgehen – und du musst schwierige Entscheidungen treffen, wenn es notwendig ist.

Dafür nutzt du deinen Willen.

Meist setzen wir Willen mit Willenskraft gleich – der absichtsvollen Fokussierung von energischer Anstrengung, wie bei der letzten, anstrengenden Wiederholung beim Gewichtheben im Fitnessstudio.

Aber Wille hat einen größeren Kontext: Wille ist *ein Kontext der Verpflichtung*, wie bei einer Mutter, die sich der Fürsorge für ihre Familie verpflichtet fühlt. Wille bedeutet, dass du dich selbst deinen höchsten Zielen, die dich erheben und weiterführen, hingibst. Diese Art des Willens fühlt sich an, als würdest du von Inspiration gezogen, statt von Dick-köpfigkeit gedrängt. Hingegeben statt getrieben.

So geht's

Was bedeutet es wirklich, unsere höchsten Ziele zur Triebkraft unseres Lebens zu machen? Als einen Kontext für die Antwort möchte ich mich auf vier Eigenschaften eines sehr engagierten Menschen beziehen, die vom Buddha identifiziert wurden, und die mir persönlich viel bedeutet haben: *begeistert, entschlossen, fleißig* und *achtsam*. Denke bitte darüber nach, wie jede dieser Eigenschaften dir helfen könnte, in einem oder mehreren wichtigen Bereichen mehr Willenskraft einzusetzen, wie beispielsweise in intimen Beziehungen mutiger sein, deine Ausbildung abschließen, dich an der Hausarbeit beteiligen oder dich an eine Diät halten.

Begeistert bedeutet rückhaltlos, enthusiastisch und eifrig. Nicht trocken, mechanisch und verbissen. Warum ist es dir beispielsweise wichtig, was in diesem Aspekt deines Lebens geschieht? Warum ist es *wichtig?* Erlaube dir selbst, dich tief empfunden und leidenschaftlich deinen Zielen und Aktivitäten in diesem Bereich zu widmen.

Entschlossen heißt, dass du dich vollkommen für etwas entschieden hast und dich nicht davon abbringen lässt. Denke an eine Erfahrung absoluter Entschlossenheit, als du beispielsweise einen geliebten Menschen beschützt hast. Du spürst vielleicht eine Stärke in der Brust und hast das Gefühl, dass alles in dir das gleiche Ziel verfolgt. Erforsche dieses Gefühl im Zusammenhang mit einem bestimmten Bereich deines Lebens. Stell dir vor, dass du in diesem Bereich entschlossen bleibst, wenn dir Ablenkungen begegnen, und nimm die Art und Weise, wie sich das gut anfühlen könnte, in dich auf. Verbinde dich jeden Morgen mit deinem Entschluss, gib dich ihm hin und lass dich während des Tages von ihm führen.

Fleißig bedeutet, dass du gewissenhaft und sorgfältig handelst. Nicht als Schwerstarbeit und nicht aus einem Schuldgefühl oder einem Zwang, sondern – entsprechend der lateinischen Wurzel des englischen Wortes für Fleiß, „diligence" – du liebst und genießt die Stufen, die dich zu deinen höheren Zielen führen. Denn in diesen Situationen versagen oft die Begeisterung und die Entschlossenheit, deshalb kannst du zur Unterstützung Folgendes tun:

- Denke an die Gründe für deine Anstrengungen; öffne dich ihren positiven Wirkungen und spüre sie, wie beispielsweise das Wissen, dass du im

Dienste einer guten Sache dein Bestes gibst und „das Glück, das Richtige zu tun" verdienst.

- Übersetze große Ziele in kleine, machbare tägliche Handlungen. Achte darauf, dass du nicht überwältigt wirst.

- Finde die Strukturen, die gewohnten Abläufe und Verbündeten, die dir beim Weitergehen helfen.

- Sag dir selbst die Wahrheit in Bezug auf das, was wirklich geschieht. Tust du das, was du dir ursprünglich vorgenommen hast? Wenn das nicht so ist, dann gestehe es dir ein. Und beginne von Neuem: Finde deine tief empfundene Entscheidung wieder, achte auf das, was getan werden muss, und tue es.

Achtsam heißt, dass du weißt, wenn du eigensinnig oder nachlässig bist. Du bist dir deiner inneren Welt bewusst – und der mentalen Faktoren, die den Willen blockieren (z. B. Selbstzweifel, Lethargie, Abgelenktheit), und derjenigen, die ihn fördern (z. B. Enthusiasmus, Stärke, Mut, Beharrlichkeit). Du bemerkst, wenn du eigensinnig auf einen Fehler reagierst, Ziele verfolgst, die nicht mehr angemessen sind oder die es nicht wert sind, dass du ihnen folgst. Du bist in der Lage, geschickte Kursänderungen durchzuführen, die die Verbindung mit deinen höchsten Zielen aufrechterhalten.

Und als Letztes, *genieße* deinen Willen. Wenn du nicht achtsam bist, kann das Trainieren des Willens dich hart machen. Aber wir können fröhlich sein und gleichzeitig einen starken Willen haben. Erfreue dich an der Stärke deines Willens und an den Früchten, die daraus entstehen.

28

Nimm Zuflucht

In Hawaii haben meine Frau und ich einmal einen „Zufluchtsort" besucht. Menschen, die aufgrund von Lebensgefahr geflohen waren, konnten dorthin kommen und fanden eine Bleibe. Überall auf der Welt gibt es ähnliche Bräuche, im Europa des Mittelalters konnte beispielsweise jemand in einer Kirche Zuflucht suchen und wurde dort beschützt.

Weniger formell brauchen wir alle alltägliche Zufluchtsorte von den Herausforderungen, Sorgen und dem gelegentlichen reinen Wahnsinn dieser Welt. Sonst werden wir den kalten Stürmen des Lebens zu sehr ausgesetzt und vor den täglichen Herausforderungen erschöpft. Ohne eine Zuflucht können wir nach einer Weile das Gefühl haben, dass uns die Energie ausgeht.

Zufluchten können Menschen, Orte, Erinnerungen und Ideen sein – jeder oder alles, was uns einen verlässlichen Schutz und eine echte Zuflucht bietet, was bestärkend, tröstend und unterstützend ist, damit du deinen Schutzschild herunternehmen und Stärke und Weisheit sammeln kannst.

Eine Zuflucht könnte sein, dass du dich mit einem guten Buch ins Bett kuschelst, ein Essen mit Freunden oder eine To-do-Liste, um deinen Tag zu planen. Oder dich an deine Großmutter erinnern, die Stärke deines Körpers spüren, den Erkenntnissen der Wissenschaft vertrauen, mit einem engen Freund oder Berater sprechen, an etwas glauben oder dich daran zu erinnern, dass es dir finanziell ganz gut geht, auch wenn du nicht reich bist.

Auch die Religionen der Welt bieten Zufluchten, die dir etwas sagen können, wie beispielsweise heilige Orte, Texte, Menschen, Lehren, Rituale, Objekte und Gemeinden.

Eine meiner Lieblingszufluchten ist die Praxis selbst: das Thema dieses Buches. Für mich fühlt es sich gut an, dass ich darauf vertauen kann, dass ich mit stetiger Übung nach und nach immer glücklicher und liebevoller werde.

Was gibt dir ein Gefühl der Zuflucht?

So geht's

Fertige eine (geschriebene oder mentale) Liste mindestens einiger Dinge an, die für dich Zufluchten sind. Und wenn es dir möglich ist, nimm dir jeden Tag einen Moment, um bewusst Zuflucht zu diesen Dingen zu nehmen.

Du kannst in verschiedener Art und Weise „Zuflucht nehmen":

- *Gehe in* eine Zuflucht

- *Komme aus* einer Zuflucht

- *Verweile als* Zuflucht

- *Spüre die Wirkung* einer Zuflucht *in deinem Leben*

Für mich persönlich war es ein Durchbruch, als ich begann mir vorzustellen, dass die Zufluchten schon in mir existieren, dass ich aus ihnen leben kann, als ein Ausdruck von ihnen in diesem Leben. Wenn du in dieser Art und Weise Zuflucht nimmst, dann übergibst du dich guten Kräften und lässt sie durch dich wirken und dich tragen.

Du kannst explizit mit Worten Zuflucht nehmen, indem du etwas in Gedanken sagst, wie *Ich nehme Zuflucht in/zu* ___. Oder *Ich verweile als* ___. Oder ___ *fließt durch mich hindurch.*

Oder spüre einfach die Zuflucht ohne Worte: Fühle, wie es für dich ist, in ihr zu sein, sicher und unterstützt, *zu Hause.*

Dann wiederhole deine Form, Zuflucht zu nehmen, für jede deiner Zufluchten. Versuche, das jeden Tag zu tun, sobald du dich daran erinnerst. Du brauchst dafür nur ein paar Minuten oder noch weniger. Und du kannst es mitten im Stau oder während einer Versammlung tun.

Wenn du Zuflucht genommen hast, spüre, wie die positiven Gefühle und Gedanken tief in dich einsinken, wie sie dich erfüllen und sich in dein Wesen weben – eine Quelle und ein inneres Licht, die du immer mitnimmst, wohin du auch gehst.

29

Riskiere die
gefürchtete Erfahrung

Wenn uns als Kind etwas geschehen ist – oder wir gesehen haben, wie anderen etwas zugestoßen ist –, dann bilden wir natürlicherweise Erwartungen in Bezug darauf, wie wir uns in Zukunft in ähnlichen Situationen fühlen werden. Basierend auf diesen Erwartungen haben wir Reaktionen entwickelt: Tu *das*, um Freude zu erfahren, tu *dies*, um Schmerz zu vermeiden. Erfahrungen im Erwachsenenalter fügen dann zusätzliche, damit verbundene Erwartungen und Reaktionen hinzu.

Als Folge dessen läuft diese Sequenz jeden Tag viele Male gewohnheitsmäßig in dir, mir und jedem ab – meist innerhalb weiniger Sekunden und oft unbewusst:

1. Ein Gefühl oder ein Wunsch entsteht im Geist und will sich ausdrücken.

2. Das aktiviert eine damit verbundene Erwartung emotionalen Schmerzes (von einem subtilen unangenehmen Gefühl bis zu extremem Trauma), wenn das Gefühl oder der Wunsch ausgedrückt wird; dieser Schmerz ist die „gefürchtete Erfahrung".

3. Diese Erwartung führt zu einer Behinderung des ursprünglichen Gefühls oder Wunsches, um das Risiko der gefürchteten Erfahrung zu vermeiden.

Zum Beispiel möchten wir (1) mehr Fürsorge von jemandem, aber (2) Erfahrungen in der Kindheit haben dazu geführt, dass wir vorsichtig sind, diese verletzlichen Wünsche zu zeigen, deshalb (3) gehen wir auf Nummer sicher und sagen nichts.

Nimm dir einen Moment Zeit, um eine oder mehrere Varianten dieser Sequenz zu finden, wenn sie sich in deinem Geist zeigt – (1) ein *entstehender Selbstausdruck* führt (2) zu einer *damit verbundenen Erwartung*, die (3) zu einer *unterdrückten Reaktion* führt. Im Folgenden gebe ich einige Beispiele:

- (1) Du möchtest jemandem näherkommen (z. B. emotional, körperlich), aber (2) diese Nähe führt zum Risiko der Ablehnung, deshalb (3) tust du etwas, das Distanz schafft.

- (1) Ein Gefühl steigt auf (z. B. Trauer, Wut), aber (2) der Ausdruck dieses Gefühls (oder Gefühle im Allgemeinen) wurde in der Kindheit nicht unterstützt, deshalb (3) wechselst du das Thema, machst einen Witz oder entfernst dich auf andere Weise von der Emotion.

- (1) Ein Wunsch entsteht, um etwas zu tun (z. B. ein neues Ziel am Arbeitsplatz zu verfolgen, ein Lied zu komponieren oder einen Garten zu bepflanzen), aber (2) du hast Angst, dass du nicht erfolgreich sein wirst, nicht unterstützt wirst, verachtet oder betrogen wirst, wenn du dich damit zeigst, deshalb (3) wartest du mit der Erfüllung deines Traumes einen Tag länger.

Manchmal ist das angemessen. Zum Beispiel: (1) der Drang, deinem Chef zu sagen: „Du kannst mich mal!", (2) verspricht ziemlichen Ärger, wenn du es tun würdest, deshalb (3) sagst du es nicht.

Aber wenn du wie ich und die meisten Menschen bist, dann sind deine Erwartungen von Schmerz oft unangemessen. Die Vorliebe des Gehirns für Negativität führt dazu, dass wir die Wahrscheinlichkeit einer negativen Folge von Selbstausdruck überschätzen und auch das Ausmaß von Schmerz, den wir spüren, wenn wirklich etwas Schlimmes geschieht. Zudem haben sich die tiefen Erwartungen, die den Selbstausdruck sehr stark prägen, in der Kindheit entwickelt, deshalb ist es normal, wenn sie folgende Merkmale zeigen:

- konkret, einfach und starr – selbst wenn du abstrakter, komplexer und flexibler denken kannst

- sich auf eine Zeit beziehen, in der du (a) auf bestimmte Menschen angewiesen warst (z. B. Familienmitglieder, Gleichaltrige), (b) wenig Ressourcen hattest und (c) jeden Schmerz sehr intensiv gespürt hast – auch wenn du heute (a) viel mehr Entscheidungsfreiheit bei der Wahl deiner Beziehungen hast, (b) dir Ressourcen wie Durchsetzungsvermögen, Geld und andere Möglichkeiten zur Verfügung stehen und (c) du die Fähigkeit entwickelt hast, mit Schmerz umzugehen.

Diese unangemessenen Erwartungen haben zu Reaktionen geführt, die unnötig eng und verkrampft sind: Wir werden innerlich betäubt, ersticken uns innerlich selbst, bleiben in Beziehungen sicher und distanziert und verkleinern unsere Träume. Die Erfahrungen, vor denen wir uns fürchten, hemmen uns, wie tabuisierte Gebiete, die eine kleine, schrumpfende Wiese umgeben – diese gefürchteten Erfahrungen kontrollieren uns und sagen: „Riskiere das nicht, lebe nicht so gewagt." Und meist leiden wir unter den Folgen, ohne es zu wissen.

Was ist die Alternative?

Wir müssen die gefürchtete Erfahrung riskieren – und die positiven Ergebnisse annehmen. Zum Beispiel:

- (1) Du wünscht dir etwas von deinem Partner/deiner Partnerin, (2) fühlst aber Nervosität, wenn du es sagen willst, aber du weißt, dass es wahrscheinlich von deinem Gegenüber gut aufgenommen wird und dass es im Grunde auch nicht so schlimm ist, wenn der Wunsch abgelehnt wird. (3) Deshalb entscheidest du dich, es auszusprechen und riskierst das Gefühl, abgelehnt zu werden – und mit einigem Hin und Her funktioniert es ganz gut.

- (1) Du hast nicht den Eindruck, dass dein Chef deine Fähigkeiten völlig wertschätzt, aber (2) er erinnert dich an deinen überkritischen Vater und du fürchtest diese Gefühle der Verletzung und Minderwertigkeit, wenn du nach herausfordernderen (und interessanteren) Aufgaben fragst. Deshalb planst du sorgfältig und wählst ein Projekt, dass er wahrscheinlich unterstützen wird. Und immer wieder denkst du an positive Gefühle des Gesehenwerdens und der Wertschätzung durch andere, um mit einer möglichen Ablehnung umgehen zu können. (3) Mit dieser Vorbereitung sprichst du mit Stärke und Klarheit deinen Chef an, wodurch sich deine Chancen auf Erfolg erhöhen.

- (1) Du willst dich selbstständig machen. (2) Obwohl du dich darum sorgst, dass du dich zum Narren machst, wenn dein Geschäft scheitert, erinnerst du dich daran, dass die meisten Menschen diejenigen respektieren, die etwas anpacken und Unternehmergeist zeigen. (3) Du beginnst also dein Unternehmen und tust dein Bestes, was auch immer geschehen wird.

So geht's

Beobachte zunächst, wie diese Sequenz in deinem Geist abläuft: (1) Selbstausdruck → (2) Erwartung von Schmerz → (3) Unterdrückung. Das ist der wichtigste Schritt (deshalb war die Erklärung weiter oben länger als sonst). Oft wirst du es im Nachhinein sehen, wenn du eine Reaktion, die du in einer Situation hattest, innerlich untersuchst – Phase (3) – und erkennst, dass ihre Funktion darin lag, deinen Selbstausdruck zu unterdrücken. Wenn man genau hinschaut, sind viele unserer Reaktionen (oft unbewusste) Strategien, um eine gefürchtete Erfahrung zu vermeiden.

Nun *fordere deine Erwartungen heraus.* Sind sie wirklich wahr? Erkenne die *Tatsache* an, dass es meist zu guten Resultaten führen wird, wenn du deine Emotionen und Wünsche – in angemessener und geschickter

Weise – äußerst. Sprich mit dir selbst wie ein kluger, entschlossener und bestärkender Schwimmlehrer, der dich beim ersten Sprung ins Schwimmbecken unterstützt – mit Sätzen wie: *Schon viele Menschen vor dir haben das getan; für sie ist es gut gegangen, und so kann es auch für dich sein. Du hast die Fähigkeiten, um es zu schaffen. Sicher wird es nicht perfekt sein und vielleicht ist es unangenehm, aber dir wird nichts geschehen. Ich glaube an dich. Glaube an dich selbst.*

Verlass nun deine Komfortzone, indem du *kalkulierte Risiken* eingehst. Beginne mit leichten Situationen, in denen die Chance, dass der Selbstausdruck zu negativen Ergebnissen führt, sehr klein ist – und ein negatives Resultat nur leichte unangenehme Gefühle zur Folge hätte. Und dann erhöhe nach und nach den Schwierigkeitsgrad mit zunehmend verletzlicheren und herausfordernderen Formen des Selbstausdrucks. Wenn du dich in diesen Prozess begibst, wächst eine wunderbare Freiheit in deinem Herzen; du wirst weniger durch gefürchtete Erfahrungen eingeschüchtert und ziehst nicht mehr den Kopf ein, um sie zu vermeiden. Wenn ein bestimmter Selbstausdruck für dich zu einem schmerzvollen Resultat führt, dann erkenne, dass du mit diesem Schmerz umgehen kannst und dass er bald aufhören wird – und nimm die hilfreichen Lehren der Situation an (z. B., es ist nicht klug, einem bestimmten Freund etwas anzuvertrauen).

Und *nimm es* schließlich auch *an,* wenn du einen Selbstausdruck riskierst und daraus etwas Positives resultiert (wie es meistens der Fall ist). Hebe es innerlich hervor, wenn sich pessimistische Erwartungen nicht bewahrheitet haben oder wenn gefürchtete Ereignisse eintreten, aber gar nicht so schlimm sind. Öffne dich der Zufriedenheit, dich selbst auszudrücken, und lass sie in dich einsinken. Spüre den gesunden Stolz und Selbstrespekt, den du daraus ziehen kannst, dass du mutig genug warst, dich in diese Erfahrung hineinzugeben.

30

*Wünsche viel,
oder
Begehre nichts*

Bemühe dich, ohne anzuhaften

Leben bedeutet, Ziele zu verfolgen. Aus einem gesunden Selbstinteresse und einer freundlichen Haltung gegenüber uns selbst ist es natürlich und gut, wenn wir Sicherheit, Erfolg, Geborgenheit, Vergnügen, kreativen Ausdruck, körperliche und mentale Gesundheit, Verbundenheit, Respekt, Liebe, Selbstverwirklichung und spirituelle Entwicklung suchen.

Die Frage ist, ob du deine Ziele mit Stress und Getriebenheit verfolgst – kurz gesagt mit Anhaftung – oder mit äußerer Anstrengung und innerem Frieden – mit Bemühung –, wobei du durch die Reise selbst belohnt wirst, nicht erst am Zielort.

Der Unterschied zwischen Anhaftung und Bemühung wurde mir einmal in Boulder, Colorado, sehr klar. Ich war dort mit meinem alten Freund Bob zum Bergklettern. Unser Bergführer Dave fragte uns nach unseren Zielen, und ich sagte, dass ich am Ende der Woche eine Wand mit dem hohen Schwierigkeitsgrad

5.11 klettern wolle; zu diesem Zeitpunkt konnte ich kaum eine Wand mit dem Schwierigkeitsgrad 5.8 klettern. Bob starrte mich an und sagte, ich sei verrückt geworden und dass ich nur frustriert und enttäuscht sein würde (Bob ist ziemlich ehrgeizig und will nicht zurückbleiben). Ich verneinte und sagte, dass es sowieso ein Gewinn für mich sein würde: Mein Ziel wäre so ambitioniert, dass es kein Verlust wäre, wenn ich es nicht erreichen würde. Aber wenn ich es erreichen könnte, wäre das doch ein Mordsspaß. Also ich arbeitete hart und wurde jeden Tag besser: 5.8, 5.9, leichte 5.10, schwere 5.10 ... und am letzten Tag, folgte ich Dave ohne einen Sturz an einer echten 5.11er Wand. Yeah!

Am Grunde der Anhaftung ist *Begierde* – allgemein definiert –, die viele Formen des Leidens (von subtil bis intensiv) enthält und verursacht. Und obwohl es eine Zeit lang ein effektiver Ansporn sein kann – die Peitsche, die das Pferd antreibt –, ist es auf lange Sicht kontraproduktiv, wenn das Pferd vor Erschöpfung zusammenbricht. Das Bemühen andererseits fühlt sich gut an – wir arbeiten hart für unser Ziel, ohne an den Ergebnissen festzuhalten – und zudem können wir uns dadurch erweitern und wachsen, ohne uns Sorgen zu machen, dass wir schlecht aussehen. Wenn wir unsere Ziele leicht nehmen, erhöhen sich paradoxerweise die Chancen, dass wir sie erreichen. Die Anhaftung hingegen – und die dadurch entstehende Angst vor Fehlschlägen – verhindert unsere größte Leistungsfähigkeit.

Wenn wir das ganze Leben auf der Couch verbringen und uns nie um etwas Wichtiges kümmern oder etwas Bedeutsames erreichen wollen, können wir die Fallen der Anhaftung vermeiden. Aber wenn man einer Arbeit nachgeht, in einer intimen Beziehung ist oder sich in der Familie, in gemeinnütziger Tätigkeit, in der Kunst oder einer spirituellen Berufung engagiert, besteht die Herausforderung darin, treu dem eigenen Kurs zu folgen, mit Hingabe und Disziplin, die im Bemühen wurzeln.

So geht's

Beim Bemühen geht es um das, was wir *mögen,* bei der Anhaftung geht es um das, was wir *wollen* – und dafür sind verschiedene Systeme in unserem Gehirn zuständig (Berridge und Robinson, 1998; Pecona, Smith und Berridge, 2006). Das Angenehme zu mögen und das Unangenehme nicht zu mögen sind normale Reaktionen und stellen kein Problem dar. Schwierig wird es, wenn wir uns in das Begehren und die Anspannung begeben, die Teil des Wollens, Wollens, Wollens sind,

dass das Angenehme weitergehen und das Unangenehme enden möge. Lerne den Unterschied zwischen
Mögen und Wollen in deinem Körper, deinen Emotionen, Annahmen und Gedanken verstehen. Ich nehme
an, du wirst herausfinden, dass es sich offen, entspannt
und flexibel anfühlt, wenn du etwas magst, und eng,
gedrückt, verengt und fixiert, wenn du etwas willst.

Dann versuche beim Mögen zu bleiben, ohne
ins Wollen zu rutschen:

- Lass dir durch kleine Alarmglocken helfen, die in
  deinem Geist läuten – Alarm! Vorsicht! –, wenn
  du dieses bekannte Gefühl des Wollens/Begeh-
  rens spürst, besonders wenn es subtil ist und im
  Hintergrund deines Geistes herumschwebt.

- Entspanne das Gefühl, dass „du es haben musst".
  Spüre die Art und Weise, wie dein Leben im
  Grunde in Ordnung ist und gut sein wird, auch
  wenn du dieses bestimmte Ziel nicht erreichst.
  Verfolge deine Ziele von einem Ort der Fülle
  aus, nicht von einem Ort des Mangels oder Be-
  dürftigseins.

- Versuche relativ friedvoll zu bleiben – selbst inmitten von begeisterter Aktivität –, weil Intensität, Anspannung, Angst und Wut alle ein starkes
  Wollen nähren.

- Lasse jedes Festhalten an ein bestimmtes Ergebnis los. Erkenne, dass du dich nur den Ursachen zuwenden, aber nicht die Ergebnisse erzwingen kannst (37. Kapitel).

- Halte das Gefühl des „Ich" auf einem Minimum. Erfolg oder Misserfolg kommen aus Dutzenden Faktoren, von denen nur einige in deiner Kontrolle sind. Nimm Gewinnen oder Verlieren nicht persönlich.

Und währenddessen achte auf den weitverbreiteten Glauben, dass du eine Art Schwächling bist, wenn du nicht verbissen deine Ziele verfolgst. Denk daran, dass du eine große Anstrengung machen kannst, um deine Ziele zu erreichen, ohne in die Anhaftung an die Ergebnisse zu fallen. Denk an die Beschreibung, die ich einmal von Thich Nhat Hanh gehört habe, dem vietnamesischen Mönch, der als Friedensaktivist und Lehrer viele Dinge erreicht hat:

Eine Wolke, ein Schmetterling und ein Bulldozer.

31

Geh weiter

Ich habe einmal an einem Workshop des buddhistischen Lehrers Joseph Goldstein teilgenommen. Ich hatte eine Einsicht über die Nicht-Existenz eines festen Selbst und teilte diese Erkenntnis mit ihm. Er nickte und sagte: „Ja, das stimmt." Ich fühlte mich gesehen dafür, einen Schritt nach vorn gemacht zu haben. Er lächelte und fügte noch etwas hinzu, das ich nie vergessen habe: „Geh weiter."

Unter allen Faktoren, die zu Glück und Erfolg führen – wie die Gesellschaftsschicht, aus der jemand kommt, die Intelligenz, die Persönlichkeit, der Charakter, das Aussehen, Glück, Rasse –, ist der Faktor, der normalerweise den größten Unterschied macht, die *Beharrlichkeit*. Wenn du zehn Mal umfällst, stehst du zehn Mal wieder auf.

Wenn du weitergehst, wirst du *vielleicht* dein Ziel nicht erreichen – aber wenn du stehen bleibst, wirst du es nie erreichen.

Wir respektieren Menschen, die beharrlich sind. In dieser Entschlossenheit liegt eine Magie, die andere Menschen anzieht und ihre Unterstützung hervorruft.

Und du weißt einfach nicht, wann dein Tag schließlich kommen wird. Es gibt so viele Geschichten von „plötzlichen Erfolgen, die über Nacht eingetreten sind", denen aber viele Jahre der Anstrengung, einschließlich einiger Fehlschläge, vorausgingen. Dwight Eisenhower beispielsweise war im Jahre 1939 ein unbekannter General – und fast 49 Jahre alt –, als Deutschland Polen angriff und den Zweiten Weltkrieg begann; vier Jahre später kommandierte er alle Armeen der Alliierten in Europa; neun Jahre später wurde er zum Präsidenten der USA gewählt.

So geht's

Stelle sicher, dass deine Ziele der Beharrlichkeit wert sind. Du kannst dich auch etwas Falschem verpflichtet fühlen. Geh nicht ohne Verpflegung weiter in einen Tunnel. Sei dir der Kollateralschäden bewusst:

Gewinnst du einen Kampf, aber verlierst den „Krieg" für umfassendes Wohlbefinden, Integrität und das Wohlsein anderer?

Erkenne die Empfindung beharrlicher Ausdauer. Sie kann energisch, stark, unbeugsam, unnachgiebig, klar, inspiriert, hingegeben, auf die Mission fixiert, sinnvoll, fokussiert, entschlossen sein – oder all dies zusammen. Denk an eine Zeit, als du dieses Gefühl hattest, und spüre es wieder in deinem Körper. Ruf es hervor, wenn du auf Ressourcen aus deinem Inneren zurückgreifen musst, um weiterzugehen.

Geh den Schritt, der vor dir ist – einen nach dem anderen. Ich habe viele Menschen das Bergklettern gelehrt: Bei Anfängern ist oft das eine Bein ganz unten und das andere auf Kniehöhe auf festem Untergrund und sie haben auch zwei feste Felsvorsprünge für die Hände, aber sie finden keine neuen Vorsprünge, um weiterzuklettern, und deshalb haben sie das Gefühl, festzustecken. Aber wenn sie einfach auf dem höheren Absatz für ihre Füße stehen – und den Schritt machen, der ihnen möglich ist –, können sie in Reichweite höhere Vorsprünge für ihre Hände und Füße finden.

Finde die Geschwindigkeit, die du auch beibehalten kannst: Das Leben ist ein Marathon und kein Sprint. Bei meiner ersten Rucksackwanderung mit den Pfadfindern war ich ein dünner, unsportlicher Außenseiter.

Aber ich wollte als Erster am Zeltplatz ankommen. Wir gingen los und die kräftigen „Alpha-Jungen" liefen voraus, während ich mit einer langsamen, aber stetigen Geschwindigkeit ging. Nach einigen Kilometern überholte ich sie – sie saßen am Rande des Weges. Sie waren überrascht, dass ich an ihnen vorbeikam, und standen sofort wieder auf und rannten an mir vorbei. Aber nach einigen Kilometern lagen sie wieder am Wegesrand und dieses Mal waren sie wirklich erstaunt, als ich an ihnen vorbeiging – und ich war sehr froh, dass ich als Erster den besten Platz für mein Zelt aussuchen konnte.

Geh in deinem Geist weiter, selbst wenn du in der Welt nicht vorankommst. Vielleicht steckst du in einer bestimmten Situation wirklich fest – ein Job, eine Krankheit, eine Ehe. Aber zumindest kannst du darüber nachdenken, was geschieht, und lernen, besser damit umzugehen und die Menschen in deiner Umgebung zu lieben. Und ein anderes Mal werden sich die Dinge zum Besseren entwickeln. Wie Winston Churchill sagte: „Wenn du durch die Hölle gehst, geh weiter."

Glaube daran, dass sich deine Anstrengungen auszahlen werden. Vielleicht hast du diese Lehrgeschichte schon einmal gehört: Einige Frösche fielen in ein Fass Sahne. Sie konnten nicht herausspringen und einer nach dem anderen ertrank. Aber ein Frosch wollte nicht aufgeben und schwamm weiter und blieb am Leben, selbst nachdem alle anderen Frösche schon tot waren. Schließlich machten seine schwimmenden Bewegungen die Sahne zu fester Butter – und er hüpfte sicher wieder hinaus.

Schwimm weiter!

4. Teil

Begegne der Welt

32

Sei neugierig

Vor einigen Jahren fuhren mein Vater und ich zum
Meer in der Nähe meines Wohnortes im Norden von
San Francisco. Mein Vater wurde im Jahre 1918 auf
einer Ranch in North Dakota geboren und war früher Zoologe. Er liebt Vögel. Deshalb wollte ich ihm
einige Feuchtgebiete zeigen.

Die gebogene Straße wurde am Hang der Küsten-
berge gebaut, die ins Meer abfallen. Nach einer Weile
machten wir eine Rast. Als ich wieder zum Auto kam,
untersuchte mein Vater gerade vertrocknete Gräser,
die aus dem kleinen Felsvorsprung in der Nähe des
Autos wuchsen. „Schau mal, Rick", sagte er aufgeregt,
„wie verschieden die Schichten des Erdbodens sind
und damit auch die Pflanzen, die darin wachsen!" Er
klang wie ein kleines Kind, das einen Elefanten im
Garten gefunden hatte.

Aber so ist mein Vater: immer neugierig, niemals gelangweilt. Ich und hunderttausend andere Autofahrer sind an dieser Biegung schon entlanggefahren und haben nichts anderes gesehen als eine weitere Straßenbiegung. Aber er hat das Offensichtliche nicht für selbstverständlich gehalten. Er hat sich über das, was er sah, gewundert und hielt nach Verbindungen und Erklärungen Ausschau. Für ihn ist die Welt ein großes Fragezeichen.

Diese Haltung von Staunen, Interesse und Forscherdrang hat viele positive Wirkungen. Wenn wir im Prozess des Älterwerdens unseren Geist aktiv nutzen, können wir die Funktion unseres Gehirns erhalten. Nutze es oder verliere es!

Und wenn wir uns umschauen, sammeln wir zudem viele nützliche Informationen – über uns selbst, andere Menschen, die Welt. Wir können auch den größeren Kontext erkennen, und deshalb beeinflusst uns eine einzelne Sache oder ein einzelnes Ereignis nicht mehr so stark: Wir sind nicht mehr so getrieben, das zu bekommen, was wir mögen, und wir werden nicht mehr so gestresst und unsicher durch das, was wir nicht mögen.

Unsere Tochter brachte das einmal auf den Punkt: Neugierige Menschen sind in der Regel nicht selbstbezogen. Sicher sind sie auch an den inneren Prozessen ihrer eigenen Psyche interessiert – Neugier ist ein großartiges Mittel für Heilung, Wachstum und Erwachen –, aber sie begegnen auch anderen Menschen und der Welt mit dieser Haltung. Vielleicht ist das der Grund, warum wir in der Regel neugierige Menschen mögen.

So geht's

Zunächst einmal erfordert Neugier eine Bereitschaft, das zu sehen, was unter den Steinen liegt, die du umdrehst. Meist ist es neutral oder positiv. Aber manchmal finden wir etwas Hässliches und Übelriechendes. Dann brauchen wir Mut, um einen unangenehmen Aspekt in uns selbst, in anderen Menschen oder der Welt anzuschauen. In diesem Fall ist es hilfreich, wenn wir es aus einiger Entfernung betrachten und versuchen, uns nicht damit zu identifizieren. Umgib es mit Weite, in dem Wissen, dass das, was du gefunden hast, nur ein Teil eines größeren Ganzen ist und (meist) ein vorübergehendes Phänomen.

In dieser Bereitschaft drückt sich die Neugier im Handeln aus, indem du immer tiefer und weiter schaust – und dann noch einmal hinsiehst.

Das meiste von dem, das wir neugierig betrachten, ist wirklich schön, wie die Entwicklung von Kindern, das Handeln von Freunden oder die Funktion eines neuen Computers. Und manchmal zahlt es sich auch aus, wenn wir mit Neugier auf eine Situation reagieren. (Du kannst diese Übungen weiter unten auch auf verschiedene Aspekte deines Geistes anwenden oder auf andere Menschen oder Situationen in der Welt.)

Tiefer schauen bedeutet, daran interessiert zu sein, was unter der Oberfläche liegt. An welche frühere Situation erinnert es dich beispielsweise – besonders als du jung warst und von Situationen stark beeinflusst wurdest?

Weiter schauen bedeutet, unsere Sicht zu weiten:

- Was sind die anderen Aspekte der Situation, wie die guten Absichten anderer oder deine eigene Verantwortlichkeit für bestimmte Ereignisse?

- Welche Faktoren können in deinem Geist eine Rolle spielen? Hast du beispielsweise in der letzten Zeit viel gearbeitet oder hast du dich nicht wertgeschätzt gefühlt oder nicht gut gegessen oder geschlafen? Hast du die Situation als viel schlimmer oder bedrohlicher eingeschätzt, als sie in Wirklichkeit war? Hast du sie persönlich genommen?

Noch einmal hinsehen bedeutet, in unserer Erforschung eine aktive Haltung einzunehmen. Wir lösen den

Knoten der Sache, bei der wir neugierig sind, nehmen die Fäden auseinander, öffnen und sortieren sie. Wir nehmen die erste Erklärung nicht als die letztgültige an. Es gibt eine darunterliegende Haltung des Staunens und der Furchtlosigkeit. Wie ein Kind, eine Katze, ein Wissenschaftler, ein Heiliger oder ein Dichter sehen wir die Welt in neuem Licht.

Wieder.

Und wieder.

33

Genieße deine Hände

Manchmal lohnt es sich, wenn wir uns an das Offensichtliche erinnern: Wir begegnen der Welt mit unserem Körper – oft mit unseren Händen.

Die Hände des Menschen sind im Tierreich in ihrer Geschicklichkeit und Sensibilität einzigartig. Ihre Fähigkeit für kunstfertiges Tun half der Entwicklung der neuralen Netzwerke, die für differenzierte Planungen, Entscheidungsfindung und Selbstkontrolle notwendig sind.

Unsere Hände greifen, berühren, streicheln, halten, bedienen und lassen los. Sie schreiben auf der Tastatur, rühren Kochtöpfe um, kämmen das Haar, waschen das Geschirr ab, legen einen anderen Gang ein, kratzen am Ohr, öffnen Türen, werfen Steine, umarmen Geliebte und helfen dir, dich ins Bett zu kuscheln. Sie sind vielleicht nicht perfekt und mit dem Alter schmerzen sie manchmal, aber sie sind immer liebenswert und voller Leben.

Durch die Wertschätzung deiner Hände kannst du das Leben wertschätzen. Achtsam mit ihnen umzugehen – aufmerksam auf das zu achten, was sie fühlen und tun – ist ein einfacher und leicht zugänglicher Weg, um uns in eine sinnlichere, mit dem Körper verbundene Beziehung zur Welt zu begeben – einschließlich der Menschen, die wir berühren.

So geht's

Nimm dir jetzt einen Moment Zeit, um deine Hände bewusst wahrzunehmen. Was tun sie? Was berühren sie? Sie berühren immer etwas, und sei es nur die Luft. Was spüren sie? Wärme oder Kälte? Etwas Hartes oder etwas Weiches?

Bewege deine Fingerspitzen. Achte darauf, wie unglaublich sensibel sie sind, sie enthalten ungefähr 700 Berührungs- und Druckrezeptoren. Spiele mit den Empfindungen deiner Finger, wenn sie deine Handinnenfläche berühren, wenn dein Daumen nacheinander jeden Finger berührt oder die Finger der einen Hand die Finger der anderen Hand streicheln.

Nimm die Freude, die dir deine Hände geben, in dich auf. Nutze deine Hände, um dich in eine beglückende Erfahrung zu begeben, wie die Wärme einer frischen Tasse Kaffee, die Entlastung, wenn du deinen juckenden Kopf kratzt, oder die Genugtuung, wenn du einen widerspenstigen Knopf durch das Knopfloch bekommst.

Berühre in angemessener Weise öfter andere Menschen. Spüre den Griff bei einem Händeschütteln, die Schulter eines Freundes, die Haut eines/einer Geliebten, das Haar eines Kindes, das Fell eines Hundes oder einer Katze.

Spüre die Geschicklichkeit deiner Hände: beim Steuern eines Autos, beim Schreiben einer Notiz, beim Ersetzen einer Glühbirne, beim Holz sägen, beim Pflanzen von Blumenzwiebeln, beim Messen von Knoblauch, beim Schälen einer Zwiebel. Spüre ihre Stärke, wenn du ein Messer in den Händen hältst, eine Faust machst oder einen Koffer trägst.

Sieh, wie deine Hände sprechen: Sie zeigen, heben und senken sich, öffnen und schließen sich, zeigen „Daumen-hoch", „In Ordnung", winken zur Begrüßung und zum Abschied.

Versuche mehrere Male am Tag Gewahrsein in deine Hände zu bringen.

Spüre, wie sie dein Leben fühlen.

34

Wisse nicht

Es war einmal ein Gelehrter und eine Heilige, die in der gleichen Straße lebten und eines Tages verabredeten sie sich für ein Treffen. Der Gelehrte befragte die Heilige über den Sinn des Lebens. Sie sagte einige Sätze über Liebe und Freude und hielt inne, um tiefer nachzusinnen, aber der Gelehrte ergriff das Wort und begann mit einem langen Vortrag über westliche und östliche Philosophie. Als der Gelehrte geendet hatte, bot die Heilige ihm etwas Tee an. Sie bereitete den Tee mit großer Sorgfalt zu und goss den Tee langsam in die Tasse des Gelehrten. Zenitmeter um Zentimeter stieg der Tee immer höher und sie goss immer weiter ein. Der Tee erreichte den Rand der Tasse und sie goss immer noch weiter. Der Tee ergoss sich über die Tasse auf den Tisch und sie goss weiterhin ein. Der Gelehrte rief „Was tust du?! Du kannst nicht noch mehr in eine Tasse gießen, die schon voll ist!" Die Heilige stellte die Teekanne hin und sagte: „Stimmt genau."

Ein offener und weiter Geist kann viele nützliche Informationen aufnehmen. Ein Geist aber, der schon voll ist – mit Annahmen, Vorurteilen in Bezug auf die Absichten anderer und mit vorgefassten Ideen –, kann wichtige Einzelheiten oder Kontexte nicht sehen, zieht vorschnelle Schlussfolgerungen und kann kaum etwas Neues lernen.

Nehmen wir an, dass ein Freund etwas Verletzendes zu dir sagt. Welche positive Wirkung hätte eine anfängliche Haltung, die etwa sagen würde: *Hmm, was hat er denn damit gemeint? Ich bin mir nicht ganz sicher, ich weiß es nicht genau.* Als Erstes gewinnst du Zeit, um die Situation noch besser zu verstehen, bevor du dich um Kopf und Kragen redest. Zweitens untersuchst du auf natürliche Art die Situation intensiver und lernst mehr: Hast du richtig hingehört? Hast du etwas Falsches getan, wofür du dich entschuldigen solltest? Macht sich dein Freund Sorgen über etwas, das mit dir gar nichts zu tun hat? Hat dich dein Freund einfach falsch verstanden? Drittens, dein Freund/deine Freundin wird nicht so leicht in eine Verteidigungshaltung gehen; eine besserwisserische Haltung kann sehr irritierend sein.

Der große Entwicklungspsychologe Jean Piaget hat festgestellt, dass es zwei grundsätzlich verschiedene Formen des Lernens gibt:

- *Assimilation* – Wir nehmen neue Information in ein bestehendes Glaubenssystem auf.

- *Akkommodation* – Wir verändern das Glaubens-system aufgrund neuer Information.

Beide sind wichtig, aber die Akkommodation ist grundlegender und weitreichender. Trotzdem ist sie schwieriger, denn das Loslassen und die Transforma-tion lang gehegter Ideen kann verunsichern und so-gar Angst auslösen. Deshalb ist es wichtig, dass wir unseren Weg zurück zu der wundervollen Offenheit eines Kindes finden, wenn es zum ersten Mal eine Grille, eine Zahnbürste oder einen Pilz sieht: Kinder-Geist … Anfänger-Geist … nicht wissender Geist.

So geht's

Erlaube dir für einige Minuten oder für einen Tag, für eine Woche – oder ein Leben lang – nicht zu wissen:

- Sei besonders skeptisch in Bezug auf das, was du sicher zu wissen glaubst. Das sind die Glau-benssätze, die uns oft in die größten Schwierig-keiten bringen.

- Gehe in einem Gespräch nicht von vornherein davon aus, dass du weißt, in welche Richtung andere Menschen gehen. Mach dir keine Sorgen darüber, was du sagen wirst; das wirst du herausfinden, wenn du an der Reihe bist. Denk daran, wie es sich anfühlt, wenn jemand so tut, als würde er wissen, was du „wirklich" denkst, fühlst oder willst.

- Lass deine Augen über bekannte Objekte wandern – wie die Dinge auf dem Tisch beim Abendessen – und achte darauf, wie es sich in diesem kurzen Intervall anfühlt, vielleicht nur eine Sekunde oder so, nachdem du dich auf ein Objekt konzentriert hast und bevor das verbale Etikett (z. B. „Salz", „Glas") ins Bewusstsein gekommen ist.

- Gehe spazieren. Achte darauf, wie der Geist versucht, alles um dich herum zu kategorisieren und zu benennen – zu wissen –, damit er Probleme lösen kann und dich am Leben erhält. Zeige deinem Geist Wertschätzung – „Gut gemacht!" – und dann untersuche, wie es ist, das Wissen loszulassen.

- Frage dich, ob es dir wichtig ist, ein Mensch mit den richtigen Antworten, ein Wissender, zu sein. Wie wäre es, wenn du diese Last ablegen würdest?

- Das hört sich vielleicht etwas kosmisch an, aber es ist doch sehr bodenständig: Sieh dir etwas an und frage dich selbst, ob du weißt, was es *ist*. Nehmen wir an, es ist eine Tasse. Weißt du wirklich, was eine „Tasse" eigentlich ist? Wir denken vielleicht, dass sie aus Atomen, Elektronen, Protonen und Quarks besteht. Aber wissen wir, was ein Quark ist? Wir nehmen an, dass ein Quark aus Energie oder aus Raum-Zeit oder aus einem geheimnisvollen Äther jenseits des menschlichen Verstehens oder was auch immer besteht – können wir wirklich jemals wissen, was Raum-Zeit eigentlich ist? Wir leben umgeben von Objekten, die wir benutzen und manipulieren – Löffel, Autos, Wolkenkratzer –, ohne zu wissen, was sie eigentlich *sind*. Und es gibt auch niemand anderen, der es weiß, selbst die größten Wissenschaftler der Welt wissen es nicht.

- Wenn du schon nicht weißt, was ein Löffel ist, weißt du dann wenigstens, wer du bist? Oder wozu du wirklich fähig bist? Oder wie weit du dich entwickeln kannst? Denke an jede begrenzende Annahme in Bezug auf dein eigenes Leben. ... Woher „wusstest" du, dass deine Ideen nicht besonders gut waren, dass andere lachen würden (oder dass es schlimm wäre, wenn sie lachen würden), dass dich niemand unterstützen würde, dass das Ausbrechen aus Gewohnheiten nur eine Flucht ist? Was geschieht, wenn du diesen Annahmen mit „Nicht-Wissen" begegnest?

- Achte darauf, wie entspannend und gut es sich anfühlt, wenn du das Bedürfnis nach Wissen leicht nehmen kannst. Nimm diese guten Gefühle in dich auf, damit du leichter im nicht-wissenden Geist verweilen kannst.

Mögest du nach dieser Praxis des Nicht-Wissens weniger wissen als zu Beginn.

Und deshalb so viel, wie nie zuvor!

35

Tu, was du kannst

Wissenschaftler haben gezeigt, dass es bei Hunden erstaunlich einfach ist, eine „erlernte Hilflosigkeit" zu entwickeln. Die neuralen Kreisläufe für Motivation und Emotion sind bei Hunden recht ähnlich wie bei uns. Und es ist dann viel mehr Training notwendig, um den Hunden beizubringen, dass sie ihre hilflose Passivität wieder verlernen (Seligman, 1972). Menschen sind sehr ähnlich. Auch wir können sehr leicht zu einer erlernten Hilflosigkeit trainiert werden. Denke über Erfahrungen nach, wo du das Gefühl hattest, du würdest von äußeren Einflüssen herumgestoßen werden. Welchen Effekt hatte das auf dich? Erlernte Hilflosigkeit unterstützt Depression, Angst, Pessimismus, geringes Selbstwertgefühl und weniger Anstrengung für das Erreichen von Zielen.

Als ein Mensch wie jeder andere führt deine biologische Empfindlichkeit dazu, dass es sehr wichtig ist, dass du *erkennst,* wo du Macht hast, und die

Handlungen tust, die dir möglich *sind* – selbst wenn sie nur in deinem Kopf geschehen.

So geht's

Zu Beginn ist es hilfreich, über eine Idee nachzudenken, die Stephen Covey in seinem Buch *Die sieben Wege zur Effektivität* beschreibt. Stell dir einen Kreis vor, der alle Dinge enthält, die in deinem Einflussbereich liegen und einen weiteren Kreis, der die Themen enthält, die dir Sorgen machen. Wo sich diese beiden Kreise überlappen, ist genau der richtige Punkt, um bei den Dingen, die dir wichtig sind, etwas zu verändern.

Um sicherzugehen, sei noch hinzugefügt, dass es manchmal Dinge gibt, die uns wichtig sind, die wir persönlich aber nicht verändern können, wie der Hunger vieler Menschen. Ich sage nicht, dass wir diese Dinge ignorieren oder ihnen gegenüber gleichgültig werden sollten. Aber wir sollten uns auf das konzentrieren, was wir tun *können*, wie das Leiden anderer Menschen zu sehen und unsere Herzen davon berühren lassen, uns darüber informieren und nach Möglichkeiten suchen, wie wir konkret etwas beitragen können, wie beispielsweise in einem Obdachlosenheim zu helfen.

Aber wenn wir versuchen, Dinge zu kontrollieren, die nicht in unserem Einflussbereich sind, säen wir die Samen der Hilflosigkeit, schaffen Leiden für uns selbst und behindern unsere Fähigkeit, den Einfluss, den wir tatsächlich haben, auszuüben.

Frage dich selbst: Wie kann ich meine Zeit, mein Geld, meine Energie und Aufmerksamkeit oder Sorgen von Brunnen, die nie Wasser geben werden, oder von Häusern, die auf Sand gebaut sind, abziehen? Und wie kann ich stattdessen diese Ressourcen dorthin richten, wo sie *wirklich* etwas verändern können?

Dann überlege dir, welches deine wichtigsten Stärken sind und welche anderen Ressourcen du *hast*. Dein Einflussbereich ist wahrscheinlich viel größer, als du denkst!

Überlege, wie du einige dieser Ressourcen nutzen kannst, um in positiver Weise zu handeln, in einer Art und Weise, wie du es noch nie probiert oder nicht länger durchgehalten hast. Hinterfrage Annahmen wie: „Oh, das konnte ich einfach nicht." Bist du sicher? Denke an jemanden, den du kennst, der sehr selbstbewusst ist, und dann frage dich: „Wenn ich so selbstbewusst wäre, welche neuen Dinge würde ich tun?"

Denke besonders an Handlungen, die du in deinem eigenen Geist tun könntest. Im Gegensatz zu dem Versuch, die Welt oder deinen Körper zu verändern, ist dein Geist der Ort, wo du den größten

Einfluss hast und wo die Ergebnisse am längsten andauern und die größten Konsequenzen haben. Es sollten Handlungen sein, bei denen du die größte Gelegenheit für ein Gefühl der Effizienz siehst und bei denen eine Chance für die Auflösung von Empfindungen der Hilflosigkeit besteht. Wie könntest du deine emotionalen Reaktionen mit der Zeit in eine bessere Richtung bewegen oder mehr Achtsamkeit oder Warmherzigkeit entwickeln? All diese Dinge liegen in deinem Einflussbereich.

Wenn ich nicht weiß, was ich gegen eine bestimmte Schwierigkeit tun soll, dann denke ich manchmal an einen Spruch von einem Jungen namens Nkosi Johnson, der in Südafrika lebte. Wie viele andere Kinder wurde Nkosi mit HIV geboren und er starb mit zwölf Jahren. Davor wurde er zu einem Sprecher für Aids-Kranke und war im ganzen Land bekannt. Sein „Mantra", wie er es nannte, berührt mich immer zutiefst: „Tu alles, was du kannst, aus ganzem Herzen, dort, wo du bist."

Das ist alles, was jeder von uns wirklich tun kann.

36

Akzeptiere die Begrenzungen
deines Einflusses

Das Anliegen der vorhergehenden Praxis war die Übung des Einflusses, den du wirklich *hast,* um zu tun, was du kannst.

Natürlich ist es auch wahr, dass jeder von uns in dem, was wir tun oder verändern können, begrenzt ist. Wenn du in Richtung Zukunft schaust – die Zukunft ist das Einzige, was du wirklich verändern kannst –, dann hast du wenig Einfluss auf andere Menschen, einschließlich ihrer Gedanken, Handlungen oder ihrem Leiden. Und noch weniger Einfluss hast du auf die Wirtschaft, die Politik der Regierung oder internationale Angelegenheiten. Die Dinge geschehen aufgrund von Ursachen – und von den unzähligen Ursachen in der Vergangenheit liegen die meisten außerhalb deiner Kontrolle.

Du hast nicht die Macht, etwas zu tun, wenn die Voraussetzungen dafür nicht anwesend sind. Ohne fruchtbare Erde und Wasser können wir zum Beispiel keine Rosen pflanzen.

Wenn du seit einiger Zeit mit dem Kopf gegen die Wand läufst, solltest du damit aufhören, und die Dinge so akzeptieren, wie sie sind – und dann weitergehen. Wie ich mir selbst manchmal sage: *Versuche nicht, auf einem Parkplatz Rosen zu pflanzen.*

So geht's

Wenn du im Allgemeinen mit einer Tatsache konfrontiert wirst, die du nicht verändern kannst – wenn du im Stau stehst, traurig bist oder deine kleine Tochter gerade die Milch auf den Boden gekippt hat (um über eine eigene Erfahrung zu sprechen) –, dann frage dich: Kann ich akzeptieren, dass die Dinge so sind, wie sie sind, ob ich es nun mag oder nicht?

Hier müssen wir verstehen, dass Akzeptanz nicht bedeutet, dass wir zustimmen, uns ergeben, etwas übersehen oder vergeben. Wir schauen einfach den Tatsachen ins Auge einschließlich der Tatsache unseres geringen Einflusses. Achte darauf, dass dir Akzeptanz in der Regel mehr Ressourcen bringt, um mit den Schwierigkeiten des Lebens umzugehen.

Wenn du eine Tatsache nicht akzeptieren kannst – dass etwas existiert oder geschehen ist, je nach dem, was für dich zutrifft –, dann versuche die Tatsache zu akzeptieren, dass du die Tatsache nicht akzeptieren kannst!

Denke im Besonderen an diese Überlegungen:

- Erinnere dich an ein Ereignis in deinem Leben, das schwierig für dich war. Versuche es als etwas zu akzeptieren, das geschehen ist, ob du es nun mochtest oder nicht – und als etwas, das wirklich Teil eines viel größeren und wahrscheinlich überwiegend guten Ganzen ist.

- Denke an einen Aspekt deines Körpers oder deiner Persönlichkeit, den du nicht magst. Sag dir selbst die Wahrheit darüber, in welchem Maße du diesen Aspekt an dir wirklich ändern kannst und triff eine klare Entscheidung, was du tun willst. Und dann versuche, das, was dann noch übrig bleibt, als natürlichen Aspekt der Wirklichkeit zu sehen – und als Teil eines viel größeren und wahrscheinlich überwiegend guten Ganzen, das du bist.

- Denke an einen wichtigen Menschen in deinem Leben. Gab es irgendwelche Versuche, diesen

Menschen zu beeinflussen oder zu verändern, die einfach nicht funktioniert haben? Welche Begrenzungen deines Einflusses musst du hier akzeptieren?

- Denke an etwas, das du unbedingt wolltest, aber wovon du enttäuscht wurdest – vielleicht eine Veränderung in deiner beruflichen Karriere oder eine bestimmte Schule für dein Kind oder ein Verkauf an einen neuen Kunden. Sind die notwendigen unterstützenden Bedingungen wirklich anwesend? Wenn das so ist, dann bleib hartnäckig und sei geduldig. Aber wenn sie nicht anwesend sind – wenn du versuchst, Rosen auf dem Parkplatz zu pflanzen –, überlege, ob du deine Hoffnungen und Anstrengungen in eine andere Richtung lenken kannst.

37

Kümmere dich um die Ursachen

Nehmen wir einmal an, du willst einen eigenen Apfelbaum haben. Du gehst also zu einer Baumschule und suchst dir einen guten Setzling aus, bringst ihn zu dir nach Hause und pflanzt ihn mit viel Dünger in fruchtbarer Erde. Dann gießt du den Setzling regelmäßig, sammelst die Käfer von den Blättern und beschneidest ihn. Wenn du dich um deinen Baum kümmerst, dann wirst du in ein paar Jahren sicher viele schmackhafte Äpfel ernten können.

Aber kannst du ihn zwingen, Äpfel reifen zu lassen? Nein, das kannst du nicht. Du kannst dich nur um die Ursachen kümmern – aber du kannst die Ergebnisse nicht kontrollieren. Niemand kann das. Der mächtige Mensch der Welt kann einen Baum nicht dazu zwingen, einen Apfel wachsen zu lassen.

In ähnlicher Weise kann ein Lehrer seine Schüler nicht zwingen, lange Divisionsaufgaben zu lösen, eine Firmeninhaberin kann ihre Beschäftigten nicht dazu zwingen, neue Produkte zu erfinden, und du kannst jemanden nicht zwingen, dich zu lieben. Wir können nur die Ursachen der Ergebnisse fördern, die wir gern hätten.

Diese Wahrheit hat zwei Implikationen, eine herausfordernde und eine beruhigende:

- Du bist für die Ursachen verantwortlich, denen du dich zuwenden *kannst*. Wenn du in deinem Leben nicht die Resultate erfährst, die du dir wünschst, dann frage dich: Tue ich wirklich alles, was möglich ist, um die Ursachen dieser Resultate zu fördern?

- Du kannst die Anhaftung an Resultate loslassen. Wenn du verstehst, dass viele der Einflüsse, die bestimmen, ob sich diese Resultate zeigen oder nicht, außerhalb deiner Kontrolle sind, machst du dir weniger Sorgen darüber, ob sie geschehen, und du leidest weniger, wenn sie nicht eintreten.

Wenn du dich weniger auf die Resultate und mehr auf die Ursachen konzentrierst, erhöht sich paradoxerweise die Wahrscheinlichkeit, dass die gewünschten Resultate eintreten: Du konzentrierst dich darauf, die Faktoren zu schaffen, die zum Erfolg führen, und du lässt dich nicht durch stressvolle Gedanken an die Ergebnisse erschöpfen.

So geht's

- Tu, was du kannst, um dein persönliches Wohlbefinden zu stärken. Das ist ein *umfassender* Faktor, der alle anderen Ursachen, um die du dich kümmerst, beeinflussen wird. Frage dich also selbst: Was ist die wichtigste positive Veränderung für mein Wohlbefinden? Es könnte etwas sein, das klein erscheint; für mich ist ein wichtiger Faktor, wann ich ins Bett gehe, weil davon abhängt, ob ich rechtzeitig aufstehen kann, um am Morgen zu meditieren, was wiederum meinen ganzen Tag transformiert. Es könnte auch bedeuten, etwas loszulassen, das dich herunterzieht, wie sinnloser Streit mit anderen. Wähle *eine* Sache aus, die dein Wohlbefinden verbessern wird, und konzentriere dich für eine Weile darauf.

- Denke auch an einen wichtigen Bereich deines Lebens, in dem du nicht die gewollten Resultate erreichst, wie beispielsweise Arbeit, Liebe,

Gesundheit, Spaß oder Spiritualität. Identifiziere in diesem Bereich eine Ursache, die eine große Wirkung haben wird. Wenn sich Baumstämme in einem Fluss stauen und einen natürlichen Damm bilden, gibt es oft einen zentralen Baumstamm. Wenn dieser Baumstamm bewegt wird, löst sich oft der gesamte Stau auf.

Wenn du zum Beispiel abnehmen willst, kümmere dich um die Ursache Sport. Wenn du einen Partner möchtest, kümmere dich um die Ursache, neue „aussichtsreiche Kandidaten" zu treffen. Wenn du möchtest, dass die Kinder auf dich hören, kümmere dich um die Ursache elterlicher Autorität. Wenn du einen besseren Job willst, kümmere dich um die Ursache einer organisierten Arbeitssuche. Wenn du mehr inneren Frieden möchtest, dann kümmere dich um die Ursache der regelmäßigen Entspannung deines Körpers.

• Sag dir selbst die Wahrheit über Ursachen und Ergebnisse: Folgst du den richtigen Ursachen für die Resultate, die du erreichen möchtest? Oder ziehst du mit aller Kraft an einem Seil (einer Ursache), das einfach nicht mit der Last verbunden ist, die du bewegen willst (das gewünschte Resultat)?

Vielleicht musst du dich um andere Ursachen kümmern – vielleicht Ursachen auf einer tieferen Ebene, wie beispielsweise den

Selbstzweifel oder eine Angst aus der Kindheit loslassen. Oder das Ergebnis, das du erreichen möchtest, liegt vielleicht außerhalb deiner Macht, und du musst das einfach akzeptieren.

Wie die Resultate auch sein mögen, lerne von ihnen und dann wende deine Aufmerksamkeit wieder den Ursachen zu. Konzentriere dich nicht zu sehr auf deine Äpfel, sonst vergisst du noch, den Apfelbaum zu gießen!

38

Sei nicht alarmiert

Das Nervensystem hat sich im Verlauf von 600 Millionen Jahren entwickelt. Während dieser Zeit wurden Geschöpfe – Würmer, Krabben, Eidechsen, Ratten, Affen, Hominiden, Menschen –, die wirklich freundlich waren, die das Sonnenlicht auf den Blättern betrachteten, ganz im Zen aufgingen und im inneren Frieden versunken waren … SCHWAPP aufgefressen, weil sie nicht den Schatten über sich bemerkten oder das nahe Knacken der Zweige.

Diejenigen, die überlebten und ihre Gene weitergaben, waren nervös, unruhig, wachsam und paranoid – und wir sind ihre Ururenkel und dazu geschaffen, ängstlich zu sein und uns in jeder Situation schnell unwohl zu fühlen, die zumindest ein wenig gefährlich zu sein scheint: wenn der Verkehr schneller wird, wenn du nicht genug Zeit hast, deine E-Mails zu lesen, bei dem schnippischen Kommentar eines Verwandten, Neuigkeiten über die Wirtschaftskrise, bei einem neuen merkwürdigen Schmerz im Rücken, wenn du zwei Tage keinen Anruf von jemandem bekommen hast, mit dem du ein Rendezvous hattest, und so weiter.

Zudem gibt es noch mehr grundlegende Quellen für Alarm, deren Ursprung in unserer Biologie liegt, selbst wenn es uns einigermaßen gut geht. Um zu überleben, müssen Tiere – wir eingeschlossen – ständig versuchen:

- sich von der Welt zu trennen,

- viele dynamische Systeme innerhalb des Körpers, des Geistes und in Beziehungen zu stabilisieren,

- Vorteile zu suchen und Verletzungen zu vermeiden.

Aber dabei stoßen wir auf ein Problem – jede dieser Strategien stimmt nicht mit den Tatsachen unserer Existenz überein:

- Alles ist mit allem anderen verbunden – deshalb ist es nicht möglich, Selbst und Welt vollkommen zu trennen.

- Alles verändert sich – deshalb ist es nicht möglich, Dinge im Körper, im Geist, in Beziehungen oder in der Welt stabil zu halten.

- Erreichte Vorteile sind flüchtig, unhaltbar oder mit hohen Kosten verbunden und einige Verletzungen sind unvermeidbar – es ist also unmöglich, an angenehmen Dingen festzuhalten und dem Schmerz zu entkommen.

Immer wenn eine dieser Strategien nicht funktioniert, geht der Alarm los – das geschieht viele Male am Tag, aufgrund der Widersprüche zwischen dem, was wir für unser Überleben tun müssen, und der Natur unserer Existenz. Alarme, die unter der Schwelle unserer Aufmerksamkeit liegen, schaffen einen Hintergrund von Anspannung, Reizbarkeit, Vorsicht und Pessimismus. Die Alarme, derer wir uns bewusst werden, sind emotional und oft auch körperlich unangenehm – wie Angst, Wut oder Schmerz.

Unterschätze nicht das Ausmaß des subtilen Alarms im Hintergrund deines Körpers und Geistes. Er ist tief eingeprägt und unnachgiebig; er entsteht aus der Kollision zwischen den Bedürfnissen des Lebens und den Wirklichkeiten dieses Universums.

Obwohl diese Warnsignale eine wirksame Strategie sind, um Geschöpfe lange genug am Leben zu halten, um ihre Gene weiterzugeben, sind sie sehr ungünstig für unsere Gesundheit, unser Wohlbefinden, unsere Beziehungen oder Ziele. Warnsignale stehen oft nicht im Verhältnis zu dem, was wirklich geschieht. Du legst deine Flügel an, machst dich klein, gehst auf Nummer sicher und hältst dich stärker am „wir" fest und fürchtest „die anderen". Und auf der Ebene von Gruppen und Nationen ermöglicht dieses den Warnsignalen Ausgesetztsein, dass wir durch Angst manipuliert werden.

Ja, setz dich mit realen Gefahren und realen Verletzungen auseinander – aber reagiere nicht mehr auf diese falschen Alarme!

So geht's

Sage zu dir selbst: „Ich bin es leid, ständig unnötig ängstlich zu sein." Denk an den Preis, den du aufgrund falscher Alarme im Verlauf der Jahre gezahlt hast: die Suche nach Schutz, die Unterdrückung deines Selbstausdrucks, das Loslassen wichtiger Sehnsüchte oder Träume.

Versuche, subtile innere Warnsignale bewusst wahrzunehmen, wie eine Enge in der Brust oder im Gesicht, ein Druck im Bauch, das Gefühl, aus dem Gleichgewicht gekommen zu sein, oder ein intensives Beobachten der Umgebung oder zunehmender Selbstschutz.

Erkenne, dass die meisten Alarmsignale in Wirklichkeit gar keine Signale sind: Es ist nur unangenehmer *Lärm,* sinnlos, wie die Alarmanlage eines Autos, die einfach weiterpiept. Kümmere dich natürlich um die echten Alarme. Aber auf die Signale, die übertreiben oder vollkommen grundlos sind, brauchst du nicht mit einem Alarm zu reagieren.

Akzeptiere, dass schlimme Dinge geschehen – es gibt Unsicherheiten, hin und wieder stürzen Flugzeuge ab, nette Leute werden von betrunkenen Autofahrern überfahren. Wir müssen einfach mit der Tatsache leben, dass wir nicht allen Kugeln ausweichen können. Wenn du im Frieden damit bist, dann versuchst du nicht länger – wegen eines Alarms – die Dinge zu kontrollieren, die unkontrollierbar sind.

Hilf deinem Körper, nicht so alarmiert zu sein. Ich stelle mir meinen „inneren Leguan" vor, der in den ältesten und ängstlichsten Strukturen des Hirnstamms wohnt, und dass ich seinen Bauch streichle und ihn dadurch tröste und ihm Sicherheit gebe, damit er sich entspannt, wie eine Eidechse auf einem warmen Felsen. Das Gleiche tue ich mit meiner inneren Ratte, meinem inneren Affen oder meinem inneren Höhlenmenschen: Ich beruhige und öffne ständig den Körper, atme tief und lasse los, spüre innerlich Stärke und Entschlossenheit.

Ja, Alarme werden ausgelöst und Ängste tauchen auf, aber unser Gewahrsein und unsere Absichten sind viel größer – wie der Himmel, der die Wolken enthält. Dadurch können wir die Ängste in einem Raum der Furchtlosigkeit halten. Wir sehen den Zick-zack-Kurs und das Auf und Ab der Welt realistisch und sind im Frieden damit. Versuche im Laufe des Tages immer wieder zu dieser offenherzigen Furcht-losigkeit zurückzukehren.

39

Lösche die Feuer

In deinem Herzen weißt du jetzt ganz genau, ob es irgendwelche wichtigen Dinge gibt, die du vermeidest: eine Verletzung oder eine Bedrohung, auf die du nicht reagiert hast oder eine verpasste große Möglichkeit. Das sind echte Alarme, auf die du hören musst.

Es könnten zum Beispiel unbezahlte Rechnungen fällig sein, die deine Kreditwürdigkeit gefährden. Oder dein Sohn oder deine Tochter im Teenageralter wird immer respektloser und aufsässiger – oder ist im Sog einer depressiven Stimmung gefangen. Oder deine Ehe löst sich immer mehr auf, du trinkst zu viel Alkohol oder nimmst Drogen, ein Kollege im Büro behandelt dich ständig herablassend, du isst zu viel oder spürst ein schleichendes Gefühl, dass etwas mit deiner Gesundheit nicht stimmt.

Schnell oder langsam werden solche „Feuer" ein Leben in Brand setzen und können es manchmal ganz abbrennen.

Wenn etwas dringend ist – wie eine verstopfte Toilette, ein Brief vom Finanzamt oder ein Knoten in der Achselhöhle –, wenden sich dem die meisten Menschen sofort zu. Aber was ist, wenn es wichtig, aber nicht dringend ist – ein Problem oder ein Ziel, dass du immer noch einen Tag nach hinten schieben kannst, um dich nicht damit auseinandersetzen zu müssen? Es kann leicht geschehen, dass diese Feuer eine lange Zeit glimmen – aber am Ende sind es oft die Feuer, die am meisten zerstören. Du weißt immer noch, dass sie da sind; du spürst es in deinem Innersten. Und schließlich werden wir immer von ihren Konsequenzen getroffen – manchmal in den letzten Lebensjahren, wenn du auf dein Leben zurückblickst und darüber nachdenkst, was du gern anders gemacht hättest.

Wenn du dich andererseits mit den wichtigen Dingen auseinandersetzt, selbst wenn sie nicht dringend sind, dann wird das unangenehme Bauchgefühl aufhören. Du fühlst dich gut als du selbst, du tust, was du kannst, und verbesserst dein Leben.

So geht's

Öffne dich einer Intuition, einem Empfinden für die Dinge, die du in den Hintergrund geschoben hast, die aber dringend deine Aufmerksamkeit brauchen. Denke an deine Gesundheit, deine Finanzen, deine Beziehungen, dein Wohlbefinden und (wenn es dir wichtig ist) dein spirituelles Leben. Achte auf jeden Widerstand dagegen, dich mit nicht erfüllten Bedürfnissen auseinanderzusetzen – es ist normal in Bezug darauf Schuld oder Angst zu empfinden – und versuche, diesen Widerstand loszulassen.

Frage dich selbst: Was hindert dich, im Laufe eines normalen Tages wichtige, aber nicht dringende Themen anzugehen? Mit welchen Problemen wirst du jeden Tag konfrontiert, findest aber einen Weg, damit umzugehen, ohne sie wirklich zu lösen? Oder was verschiebst du gänzlich? Was wird nicht besser, egal, wie sehr du es erhoffst?

Schreib die Namen der wichtigen Dinge auf, denen du dich zuwenden musst. Erzähle einem vertrauten Freund davon. Nimm die Tatsache an, dass dieses Problem wirklich *wichtig* ist. Stell dich ihm. Und bleib dran.

Denke an einige der positiven Konsequenzen, die du und andere Menschen spüren werden, wenn du dich diesem Problem stellst. Stell sie dir lebhaft vor.

Sieh, wie sich dein Alltag verbessern wird, dass du besser schlafen wirst, dich besser fühlen und besser lieben wirst. Öffne dich der Sehnsucht deines Herzens nach diesen positiven Veränderungen. Lass dich von diesen Veränderungen rufen und dich anziehen, wie eine Biene, die vom Nektar angezogen wird.

Denke auch an die kurz- und langfristigen negativen Folgen für dich und andere, wenn dieses Problem weiterhin vor sich hin glimmt. Sei ehrlich zu dir selbst – sei bereit, Schuld, Reue oder Scham zu fühlen, um das Richtige und Schwere tun zu können: diesen negativen Folgen ins Auge sehen.

Fühle die positiven Veränderungen und die negativen Folgen und triff eine Entscheidung: Wirst du dieses Feuer löschen? Oder noch einen Tag warten?

Wenn du dich entscheidest, dich mit diesem Problem zu konfrontieren, öffne dich einem guten Gefühl darüber.

Und dann geh an die Arbeit. Du musst keinen vollständigen Plan haben, um anfangen zu können. Du musst nur den ersten Schritt kennen – wie beispielsweise mit einem Freund oder Therapeuten über das Problem sprechen, Informationen sammeln (z. B. ein Gesundheitsproblem untersuchen lassen), einen Experten aufsuchen, jeden Tag eine oder mehrere positive Handlungen tun oder strukturierte Unterstützung von anderen bekommen (z. B. einen Freund, um zusammen zu trainieren, ein regelmäßiges Treffen der Anonymen Alkoholiker). Wenn du feststeckst, brauchst du keinen vollkommeneren Plan; du musst mit unvollkommenem Handeln beginnen. Der Durchbruch wird kommen, wenn du dich *entscheidest*, dich einem Problem zuzuwenden, und dann ständige Unterstützung und kontinuierliches Handeln *strukturierst*, um dieses Ziel zu erreichen.

Wenn du feststellst, dass du abwartest oder von einem Problem hinuntergezogen wirst, dann stell dir vor, dass du am Ende deines Lebens zurückschaust. Aus dieser Perspektive: Worüber wärest du glücklich, es getan zu haben?

40

Träume große Träume

Jeder hat Träume: Ziele, große Pläne, einen Lebens-
sinn, Dinge, wie wir anderen geben können. Dazu
gehören die Gründung einer Familie, der Wechsel der
Karriere, ein Studium, die Vertiefung der emotionalen und sinnlich intimen Aspekte einer langjährigen
Beziehung, ein Buch schreiben, eine spirituelle Praxis leben, Kunst schaffen, dafür zu sorgen, dass ein
Stoppschild an einer gefährlichen Kreuzung installiert
wird, 15 Kilo abnehmen und nicht wieder zunehmen,
die Wale retten, die Welt retten.

Viele dieser Träume beruhen auf Visionen des
Möglichen aus der Kindheit. Wenn die kindlichen
Elemente abgeschält sind, bleibt oft immer noch das,
was für einen Menschen zutiefst wahr ist.

Was sind deine eigenen Sehnsüchte des Herzens?

Sie können ziemlich konkret sein – und trotzdem große Träume sein. Wie zum Beispiel, dass alle
in der Familie zusammen die Hausarbeit tun. Oder

einen Job finden, zu dem du weniger als eine Stunde fahren musst. Oder Frieden mit deiner Mutter oder deinem Sohn schließen. Oder Rosen pflanzen. Oder dir eine halbe Stunde des Tages für dich selbst Zeit nehmen.

Oder sie können weitreichender oder edel sein. Wie die Gewalt an den Schulen zu beenden, den Kohlendioxid-Ausstoß in der Erdatmosphäre zu verringern oder dein eigenes spirituelles Erwachen zu suchen.

Wenn du dich wirklich dieser Frage öffnest – *Welche Träume sind mir wichtig?* –, mach dir keine Sorgen, du wirst dich nicht mit dummem Zeug beschäftigen, wie reich und berühmt zu werden. Stattdessen wirst du deine Seele – deine Essenz, deinen Kern, deine tiefste innere Weisheit – sprechen hören.

Es lohnt sich, zuzuhören.

Und dann nach Wegen zu suchen – praktischen Wegen, die im Alltag verwurzelt sind und die dich wirklich einen Schritt nach dem anderen voranbringen –, um deine Träume lebendig werden zu lassen.

So geht's

Finde einen ungestörten Ort und einen ruhigen Moment und frage dich, wonach du dich sehnst. Stell dir, wenn du willst, eine jüngere Version deiner selbst vor, und frage ihn oder sie, was seine oder ihre Träume sind.

Versuche, offen zu sein für das, was sich zeigt, statt es als unrealistisch, zu spät, „selbstbezogen" oder dumm abzulehnen. Schreib es vielleicht auf, auch wenn es nur ein paar Wörter sind, oder erzähle anderen davon. Wenn du willst, kannst du eine Collage mit Fotos (und vielleicht auch Wörtern) machen, die deinen Traum/deine Träume symbolisieren. Denk daran, dass sie nicht in Stein gemeißelt sind; du kannst ihnen erlauben, sich zu entwickeln und zu atmen.

Schaff Raum für deine Träume in deinen Gedanken und Handlungen. Sei ihr Freund. Spüre, wie es wäre, wenn sie wahr würden und in welcher Weise das für dich und andere gut wäre.

Ohne dich in Details oder Hindernissen zu verlieren, denk über das nach, was du realistisch tun könntest, um die Erfüllung deiner Träume voranzubringen. Such nach den kleinen Dingen, die du tun kannst und auf die du jeden Tag aufbauen kannst. Geh vielleicht noch weiter und formuliere einen Plan für dich, mit – Schluck – Terminen. Lass dich nicht davon beunruhigen, wenn die Dinge konkreter werden.

Und dann handle. Wenn es dir hilft, dann sage dir die Wahrheit und verfolge dein Handeln – wie zum Beispiel, indem du aufschreibst, wie viel Zeit du jeden Tag mit Sport, liebevollem Sprechen mit deinem Partner oder einfach entspannt zurückgelehnt verbringst. Konzentriere dich auf die Dinge, die den größten Unterschied machen; pack erst die größten Steine in den Eimer.

Und lass währenddessen immer den Traum *dich* leben. Spüre das gute Herz eines Traumes – wie er von ganz tief innen kommt, wie heilsam er ist, wie er dir und anderen nützen wird. Gib dich deinem Traum hin.

Mach deinen Traum zum Freund.

41

Sei großzügig

Großzügigkeit – gegenüber anderen, der Welt und sich selbst – ist tief in unserer menschlichen Natur verwurzelt.

Als vor 200 Millionen Jahren unsere Säugetier-Vorfahren zum ersten Mal auf der Erde erschienen, waren ihre Fähigkeiten für Bindung, Emotion und Großzügigkeit außergewöhnliche evolutionäre Durchbrüche. Anders als Reptilien oder Fische kümmern sich Säugetiere und Vögel um ihren Nachwuchs, bilden Paare (manchmal für ein ganzes Leben) und formen meist komplexe soziale Gruppen, die um verschiedene Formen der Kooperation organisiert sind. Dazu braucht es mehr Intelligenz, als beispielsweise ein Fisch benötigt, um den Laich abzulegen und weiterzuschwimmen – im Verhältnis zum Körpergewicht haben Säugetiere und Vögel ein größeres Gehirn als Reptilien und Fische.

Als vor ungefähr 60 Millionen Jahren die Primaten erschienen, gab es einen neuen Sprung in der Größe des Gehirns, der auf die „Fortpflanzungsvorteile" (ich liebe diese Formulierung) der sozialen Fähigkeiten zurückging. Die Primatenarten mit den größten sozialen Fähigkeiten – die die komplexeste Kommunikation, gegenseitige Fellpflege, Alpha/Beta-Hierarchien usw. entwickelten – haben den größten Kortex (im Verhältnis zum Gewicht).

Und dann entwickelten sich die frühen Hominiden und begannen vor 2,5 Millionen Jahren Steinwerkzeuge herzustellen. Seitdem hat sich die Größe des Gehirns verdreifacht und ein großer Teil dieses Kortex ist für interpersonelle Fertigkeiten wie Sprache, Empathie, Verbundenheit mit Familie und Freunden, partnerschaftliche Liebe, kooperative Planung und Altruismus verantwortlich. Als das Gehirn größer wurde, war eine längere Kindheit notwendig, um das Wachstum des Gehirns nach der Geburt zu gewährleisten und diese wunderbaren neuen Fähigkeiten gut zu nutzen. Deshalb war eine stärkere Hilfe der Väter notwendig, um die Kinder und die Mutter während dieser einzigartig langen Kindheitsphase des Menschen zu schützen. Und es brauchte auch die Unterstützung durch „das Dorf, das nötig ist, um ein Kind großzuziehen". Die Bindung und Fürsorge der Primatenmütter – mit einem Wort, ihre *Großzügigkeit* – entwickelte sich nach und nach zu romantischer Liebe, zu Vätern, die sich um den Nachwuchs sorgten, zu Freundschaft und zu dem größeren Netz der Verbundenheit, das Menschen miteinander verbindet. Zudem pflanzten sich unsere Vorfahren meist innerhalb ihrer eigenen Gruppe fort; in Gruppen, die das Geben und Nehmen von Beziehungen besser leben konnten und anderen Gruppen im Kampf um begrenzte Ressourcen überlegen waren. Somit prägten sich die Gene, die sozial intelligentere Gehirne ausbilden, ins menschliche Genom ein. Zusammengefasst kann man sagen, dass das Geben, allgemein formuliert, die Evolution des Gehirns viele Millionen Jahre lang sowohl ermöglicht als auch angetrieben hat.

Deshalb schwimmen wir in einem Meer der Großzügigkeit – mit vielen täglichen Handlungen, die die Qualitäten der Verbundenheit zeigen: Umsicht, Wechselseitigkeit, Nächstenliebe, Mitgefühl, Hilfsbereitschaft, Wärme, Wertschätzung, Respekt, Geduld, Nachsicht und Unterstützung. Aber wie die sprichwörtlichen Fische merken wir oft nicht, dass wir mitten im Wasser schwimmen. Aufgrund der Vorliebe des Gehirns für Negativität heben wir meist die Momente des Nicht-Gebens hervor – die eigene Feindseligkeit und Selbstbezogenheit und die Zurückhaltung und Unfreundlichkeit anderer.

Zudem kann die moderne Wirtschaft den Eindruck entstehen lassen, dass es beim Geben und Bekommen vor allem um Geld geht – aber dieser Bereich des Lebens ist nur ein kleiner Teil der ursprünglichen und immer noch umfassenden „Ökonomie der Großzügigkeit", mit ihrem Kreislauf der verschenkten Güter und Dienstleitungen, die nicht zu Geld gemacht werden.

Wenn wir unsere gebende Natur zum Ausdruck bringen, dann fühlen wir uns gut, andere profitieren und auch sie werden im Gegenzug gut mit uns umgehen, und das fügt dem großen Teppich der menschlichen Großzügigkeit einen weiteren schönen Faden hinzu.

So geht's

Kümmere dich um dich selbst. Gib nicht in einer Weise, die dir oder anderen schadet (z. B. beim Alkoholismus eines Freundes „ein Auge zudrücken"). Nähre immer wieder dich selbst; es ist leichter zu geben, wenn deine eigene Tasse überläuft – oder dir zumindest nicht völlig die Kräfte ausgehen.

Triff Vorbereitungen für Großzügigkeit. Sei dir der Dinge bewusst, für die dankbar oder über die du glücklich bist. Verbinde dich mit einer Empfindung der schon vorhandenen Fülle, damit du dich nicht benachteiligt oder leer fühlst, wenn du etwas mehr gibst.

Vergegenwärtige dir, dass Geben für dich natürlich ist. Du musst kein Heiliger sein, um ein großzügiger Mensch zu sein. Großzügigkeit kann viele Formen annehmen, einschließlich Herzenswärme, Zeit, Selbstkontrolle, ein Dienst, Nahrung und Geld. Überlege aus dieser Perspektive, wie viel du schon jeden Tag gibst. Öffne dich dem guten Gefühl, ein Gebender zu sein.

Gib deine volle Aufmerksamkeit. Sei mit anderen in jeder Minute präsent und bleibe bei ihrem Thema oder ihrem Anliegen. Vielleicht gefällt dir nicht, was er oder sie sagt, aber du kannst trotzdem ein offenes Ohr geben. (Das ist besonders wichtig bei einem Kind oder Partner.) Und wenn du an der Reihe bist, wird sich der andere sicher besser fühlen, dass du jetzt das Wort ergreifst.

Biete den Verzicht auf vorschnelle Reaktionen. Oft wären Interaktionen, Beziehungen und das Leben insgesamt besser, wenn wir nicht unsere Kommentare, Ratschläge oder emotionalen Reaktionen zu einer Situation hinzufügen würden. Nicht-Tun ist manchmal das größte Geschenk.

Sei hilfsbereit. Arbeite beispielsweise ehrenamtlich in einer Schule, spende Geld für eine gute Sache oder erhöhe deinen eigenen Anteil an der Hausarbeit oder bei der Kindererziehung, wenn dein Partner mehr tut, als du.

Übe deine eigene Praxis. Eines der größten Geschenke für andere besteht darin, unser eigenes Wohlbefinden und unsere eigene Effektivität zu verbessern. Was immer unsere Praxis sein mag oder sein wird, wir sollten sie mit ganzem Herzen üben – als eine tägliche Gabe für das, was wir als heilig erachten, für unsere Familie und Freunde und für die ganze große Welt.

5. Teil

Sei im Frieden

42

Achte darauf,
dass es dir jetzt gut geht

Um unsere Vorfahren am Leben zu erhalten, hat das Gehirn starke Tendenzen zur Angst entwickelt, einschließlich eines ständigen inneren Unwohlseins. Dieses leise sorgenvolle Flüstern bringt uns dazu, ständig unsere inneren und äußeren Welten nach Anzeichen für Gefahr abzusuchen.

Dieser Hintergrund von Unsicherheit und dieses Beobachten sind so automatisch, dass wir vergessen können, dass sie da sind. Versuche, ob du in deinem Körper eine Anspannung, ein Beschützen oder ein Festhalten spüren kannst. Oder eine Wachsamkeit gegenüber deiner Umgebung oder anderen Menschen. Oder ein Widerstand dagegen, dich *vollkommen* zu entspannen, zu vertrauen und loszulassen. Versuche, durch ein Büro oder ein Geschäft zu gehen, von denen du weißt, dass sie sicher sind, ohne ein Anzeichen von Vorsicht zu spüren: Das ist wirklich schwer. Oder versuche, fünf Minuten zu Hause zu sitzen und dich in deinem Körper ungeschützt und weich zu fühlen, zutiefst aufgehoben in dem Moment, wie er ist: Für die meisten Menschen ist das unmöglich.

Besorgnis als Grundzustand des Gehirns ist eine großartige Möglichkeit, um einen Affen dazu zu bringen, dass er ständig über seine Schulter schaut, immer in der Angst davor, dass etwas herunterfallen könnte. Aber das ist keine gute Haltung im Leben. Es verringert das Wohlbefinden, nährt Angst und Depression und bringt Menschen dazu, ein vorsichtiges Leben zu führen.

Und was noch schlimmer ist: Es basiert auf einer Lüge.

Als Folge dessen flüstert diese Besorgnis im Hintergrund ständig in dein mentales „Ohr": Du bist nicht sicher und von Gefahren umgeben, du darfst nie ungeschützt sein.

Aber schau dir *diesen* Moment genau jetzt einmal genauer an. Wahrscheinlich geht es dir gut: Niemand greift dich an, du ertrinkst nicht, keine Bomben fallen, es gibt keine Krise. Es ist nicht perfekt, aber es geht dir gut.

Mit „genau jetzt" meine ich diesen Moment. Wenn wir in die Zukunft gehen, dann machen wir uns Sorgen und planen. Wenn wir in die Vergangenheit gehen, dann sind wir nachtragend und bereuen. Fäden der Angst sind in den mentalen Teppich der Vergangenheit und Zukunft gewoben. Sieh dir noch einmal das dünne Stück der Zeit an, welches die *Gegenwart* ist. In diesem Moment: Geht es dir gut? Kannst du atmen? Schlägt dein Herz? Arbeitet dein Verstand? Die Antworten sind fast immer ganz sicher ein Ja.

Es ist möglich, im täglichen Leben dieses grundlegende Gefühl des Richtigseins zu spüren, selbst wenn Dinge erledigt werden müssen. Du ignorierst nicht echte Gefahren oder Probleme oder gibst vor, dass alles perfekt sei. Das ist nicht so. Aber inmitten von allem kannst du in der Regel sehen, dass es dir genau jetzt gut geht.

So geht's

Achte mehrere Male am Tag darauf, dass es dir im Grunde gut geht.

Du willst vielleicht mehr Geld oder Liebe oder einfach nur Ketchup für deine Pommes. Oder du willst weniger Schmerz, Kummer oder weniger Stau im Verkehr. Alles vollkommen verständlich. Aber währenddessen und unter all dem Wollen und Ablehnen geht es dir gut. Die Grundlage deiner Aktivitäten ist eine Lebendigkeit und ein Gewahrsein, denen es in dieser Sekunde gut geht.

Beim Vorbereiten des Abendessens achte darauf: *„Genau jetzt geht es mir gut"*, und sage das vielleicht auch sanft im Geiste. Oder du fährst mit dem Auto: *„Genau jetzt geht es mir gut."* Oder du redest mit jemandem: *Genau jetzt geht es mir gut.* Oder du schreibst E-Mails oder bringst ein Kind ins Bett: *Genau jetzt geht es mir gut.*

Achte darauf, dass du Dinge erledigen und mit Problemen umgehen kannst, wenn du dich genau jetzt gut fühlst. Die Angst, dass dir schlimme Dinge zustoßen, wenn du dich gut fühlst, ist unbegründet: Lass das in dich einsinken. Du musst dich nicht davor fürchten, dich gut zu fühlen!

Manchmal geht es dir wirklich *nicht* gut. Vielleicht ist etwas Schreckliches passiert oder dein Körper ist nicht im Gleichgewicht oder dein Geist sehr ärgerlich. In diesen Situationen kannst du tun, was in deiner Macht steht, um den Sturm vorüberziehen zu lassen. Aber sobald wie möglich achte darauf, dass es dem Kern deines Wesens gut geht, wie dem ruhigen Ort 15 Meter unter einem Hurrikan, der über dem Meer tobt.

Die Erkenntnis, dass es dir genau jetzt gut geht, bedeutet nicht, eine positive Haltung über dein Leben zu legen wie einen schönen Schleier. Stattdessen kennst du eine einfache und tiefe Tatsache: *In diesem*

Moment geht es mir gut. Du spürst diese Wahrheit in deinem Körper, tiefer als die Angst, und sie atmet und lebt und ist gut. Du erkennst, dass dein Verstand gut funktioniert, egal, wie verrückt und nicht-gut die Inhalte sind, die darin herumschwirren.

Das Hineinsinken in dieses grundlegende Gefühl des „Gutgehens" ist ein kraftvoller Weg, um Wohlergehen und Ressourcen in deinem Gehirn und deinem Selbst zu bilden. Du trittst für die Wahrheit ein – und wendest dich gegen die Lügen, die Mutter Natur murmelt.

43

Würdige dein Temperament

Als Hominiden und frühe Menschen sich im Laufe von Millionen Jahren in kleinen Gruppen entwickelten, haben sie eine Reihe von Temperamenten entwickelt, wobei es auf der einen Seite die vorsichtigen, konzentrierten „Schildkröten" gibt und auf der anderen Seite die abenteuerlustigen, impulsiven „Hasen" – und dann gibt es noch „Mischwesen", die Aspekte beider Temperamente in sich tragen. Die Gruppen, die aus Schildkröten, Hasen und einigen Mischwesen bestanden, konnten sich auf verändernde Umstände einstellen und hatten einen Konkurrenzvorteil gegenüber Gruppen, die nur eines der Temperamente hatten – so wie eine Basketballmannschaft mit geschickten Verteidigern und großen Stürmern gegen eine Mannschaft gewinnen würde, in der es nur Verteidiger oder nur Stürmer gibt.

Aus den gleichen Gründen haben wir auch in anderen Aspekten des Temperaments eine Vielfalt entwickelt, darunter:

- Geselligkeit – Einige Menschen sind sehr extrovertiert und einige sind sehr introvertiert und viele sind in der Mitte. Im Allgemeinen und mit vielen Ausnahmen bei den Einzelheiten kann man sagen, dass Extrovertierte durch soziale Kontakte genährt werden und dass sie Einsamkeit erschöpft; bei Introvertierten ist es genau anders herum.

- Emotionale Vorlieben – Das alte griechische Modell der vier Persönlichkeitstypen – sanguinisch (fröhlich), cholerisch (leicht reizbar), melancholisch (tendiert zu Traurigkeit) und phlegmatisch (emotional schwer zu berühren) – enthält zumindest ein Körnchen Wahrheit.

Die Merkmale des Temperaments sind in die DNA eingeprägt und deshalb auch in unser Gehirn. Sicher sind es nur einige der Steine, die das Mosaik unseres Selbst bilden. Und es sind nur Tendenzen, deren Ausdruck von anderen Teilen deiner selbst (z. B. Intelligenz, Warmherzigkeit), Lebenserfahrungen und bewusster Absicht geformt wird. Ich bin beispielsweise introvertiert, liebe aber auch tiefe Gespräche (ein typischer Therapeut); deshalb kann ich mich nach einem Tag unter Menschen durch einige Zeit allein wieder aufladen: Ich lese, jogge und Ähnliches. In gleicher Weise kann ein melancholischer Mensch ein tröstendes, bestärkendes Gefühl in sich spüren, dass sich andere um ihn kümmern. Das Temperament ist kein Schicksal.

Verschiedene Temperamente passen gut in bestimmte Umgebungen (z. B. Situationen, Aufgaben, Menschen) und passen nicht so gut in andere Umgebungen. Ein sensibles Kind kann gut mit einer toleranten Mutter leben, die ihrerseits von ihrem Ehemann unterstützt wird, aber nicht so gut mit einer alleinerziehenden Mutter, die erschöpft und gereizt ist. Ein hasenähnlicher Schüler wird sich in der Regel in einer erfahrungsbezogenen Lernumgebung gut entwickeln, die wie eine große Wiese mit festen Zäunen ist. Aber in einer Klasse, die sehr stark kontrolliert wird und in der viel feinmotorische Arbeit gemacht wird, erhält er viele kleine Korrekturen – die stressvoll und entmutigend sind. In einer Paarbeziehung werden beide glücklicher sein, wenn sie einen Weg finden, um dem Introvertierten (wie mir) genug „Zeit in der Höhle" und dem Extrovertierten (wie meiner Frau) genug Verbindung zu geben – wenn das nicht gelingt, kann die Beziehung problematisch werden.

Wenn dein Temperament nicht mit der Umgebung zusammenpasst, ist es schwierig, deine besten

Fähigkeiten zu zeigen – sei es als Kind in der Schule oder heute in einer intimen Beziehung oder bei der Arbeit. Zudem ist es natürlich, dass du auf irgendeiner Ebene spürst, dass an dir etwas falsch ist oder fehlt, dass du schwach oder dumm bist – was noch von Botschaften aus deiner Umgebung verstärkt wird: Ja, das Problem liegt in *dir,* nicht in deiner Umgebung.

Heute hat beispielsweise eine besondere Form des Hasentemperaments eine eigene Diagnose bekommen – Aufmerksamkeitsdefizit-/Hyperaktivtätsstörung (ADHS) –, obwohl das Hasenverhalten die meiste Zeit, die Menschen und unsere hominiden Vorfahren auf diesem Planeten gelebt haben, sehr gut zu unserer Anpassung beigetragen hat. Zudem wird Menschen, die von Natur aus schwermütig sind, gesagt, dass sie fröhlicher sein sollten und dass es keinen Grund gäbe, Trübsal zu blasen. Introvertierten wird gesagt, sie sollten rausgehen und andere Leute treffen und Menschen mit Schildkröten-Temperament wird gesagt, sie sollten nicht solche Feiglinge sein und sich ins tiefe Wasser des Lebens wagen. Dieses wiederholte Gefühl, dass etwas nicht richtig und nicht optimal an einem selbst ist, sinkt in uns ein und nagt am Selbstvertrauen, der Stimmung und dem Selbstwertgefühl eines Menschen.

Aber in Wirklichkeit ist überhaupt nichts falsch! Wir sollten alle unser Temperament anerkennen: es akzeptieren, die guten Dinge daran sehen und nach Situationen und Beziehungen suchen, in denen die Stärken unseres Temperaments zur Geltung kommen. Wir sollten uns um unser Temperament sorgen, wenn es herausgefordert wird (z. B. ein Kind mit Schildkröten-Temperament auf einen Übergang vorbereiten, der Gefühle der Angst auslösen kann). Mit anderen Worten, wir arbeiten mit der Natur, nicht gegen sie.

So geht's

Erkenne dein eigenes Temperament. Bist du im Vergleich mit anderen in deinem Alter und mit deinem Geschlecht beispielsweise:

- Leicht ablenkbar, impulsiv und auf der Suche nach Stimulation? Oder sehr konzentriert, besonnen und vorsichtig?

- Interessiert an vielen sozialen Kontakten? Oder an einigen wenigen Freunden und ausreichend Zeit für dich?

- Fröhlich, melancholisch, leicht reizbar oder gelassen?

(Es ist völlig in Ordnung, wenn du in der Mitte dieser Eigenschaften bist; dann ist das eben dein Temperament.)

Denke zurück an deine Kindheit: Gab es schwierige Konflikte zwischen deinem Temperament und deinen Umgebungen, die entweder zu Kritik an dir oder einfach zu einer inneren Frustration führten, weil du in der Ausbildung oder im sozialen Bereich nicht erfolgreicher sein konntest? Sei freundlich zu dir selbst, wenn du über diese Frage nachdenkst. Denke daran, dass es die Aufgabe der Eltern und Lehrer ist – die mehr Möglichkeiten haben als die Kinder –, in der Kindheit die Umgebungen so gut wie möglich in einem angemessenen Rahmen an das Temperament des Kindes anzupassen. Und dann denke über dich als Erwachsenen nach und wie du in deine Umgebungen passt.

Was sind die Stärken deines Temperaments? Menschen, die leicht wütend werden, können oft Ungerechtigkeiten schnell erkennen. Ängstliche Kinder sind in der Regel sehr gewissenhaft. Introvertierte Menschen haben ein reicheres Innenleben. Welche Vorlieben in deinem Wesen sehnen sich nach mehr Ausdruck? Dann denke über die Umgebungen nach – wie Berufe, romantische Partner, Orte oder Tagesabläufe –, die die Stärken deines Temperaments unterstützen und nutzen würden. Oder überlege, wie du angemessenere Umgebungen finden könntest.

Was sind die Bedürfnisse und Schwächen deines Temperaments? Ein lebhafter Mensch braucht beispielsweise ziemlich viel Stimulation, sonst wird das Leben langweilig. Ein extrovertierter Mensch braucht eine Arbeit mit viel Interaktion; ein Melancholiker ist sehr empfindlich für Gefühle der Enttäuschung. Überlege, wie du deinen Bedürfnissen gerecht werden und deine wunden Punkte schützen könntest. Wenn du beispielsweise von Natur aus eher ängstlich bist (und ich zähle selbst zu dieser Kategorie), dann ist es besonders wichtig, dass du alles tust, um in deinem Zuhause und an deiner Arbeitsstelle Strukturen, Vorhersagbarkeit und Vertrauen zu schaffen.

Während dieser Überlegungen solltest du dir bewusst sein, dass diese Probleme wahrscheinlich nicht in dir oder in deiner Umgebung liegen, sondern im Zusammenpassen von beidem. Habe in Bezug auf dich selbst Mitgefühl für jeden Stress oder Schmerz, den du erleiden musstest, als du einfach nicht in deine Umgebung gepasst hast. Hinterfrage die Erwartungen und andere Glaubenssätze, die du in der Kollision mit deiner Umgebung entwickelt hast, wie z. B. ein Gefühl der Minderwertigkeit. Sieh deine Umgebungen nicht als etwas an sich Falsches oder Schlechtes, sondern eher als unpersönliche Kräfte, die für dich in irgendeiner Weise nicht gut waren – wobei sie zumindest für einige andere Menschen

durchaus angemessen waren. Überlege, ob hier etwas Vergebung gut tun würde.

Erkenne als Letztes die Tatsache an, dass niemand
das perfekte Temperament hat. Wir sind alle ziemlich
unvollkommene Variationen des gleichen menschlichen Modells. Wenn du den Humor in deinem Temperament sehen kannst, wirst du entspannter und
deine Interaktionen werden leichter. Ein Beispiel: In
einer Therapiestunde habe ich mein Blatt Papier am
Rand eines kleinen Tisches ausgerichtet. Mit einem
Lächeln neckte mich meine Klientin, indem sie das Papier wieder verrutschte, sodass es schief lag. Wir lach-
ten beide über mein zwanghaftes Verhalten, das ich
gezeigt hatte, während wir über ihre eigenen Zwänge
sprachen. Und dann legte ich das Blatt wieder gerade
hin, weil es mich so sehr störte!

44

Liebe dein inneres Kind

Im Laufe deines Lebens sind Erfahrungen in deine Psyche eingesickert und haben Schichten geformt, wie die Bänder farbigen Gesteins im Grand Canyon. Die tiefsten Schichten sind in der Kindheit entstanden, als dein Gehirn noch am leichtesten formbar war.

Aufgrund der erfahrungsabhängigen Neuroplastizität wurden die Dinge, die du als Kind gefühlt, gewollt und geglaubt hast, in dein Nervensystem eingewoben. Zum Beispiel das Weinen als kleines Kind, bis jemand kam; die Freude zu Beginn eines Spaziergangs; Spaß mit Freunden; das schlechte Gefühl, wenn du wegen einer schlechten Zensur ausgeschimpft wurdest; Machtkämpfe mit den Eltern; der Wunsch in der Schulzeit, dass dein Körper größer/kleiner/anders sein sollte; die Frage, ob dich jemand wirklich so mag, wie du bist; die bittersüße Aufregung beim Ausziehen von zu Hause – was immer in deiner Kindheit geschehen ist, diese Gefühle sind in dich eingesunken und begleiten dich jeden Tag, überall, wohin du gehst.

Diese Überbleibsel bilden zusammengenommen dein inneres Kind. Das ist kein dummes Klischee, sondern tatsächlich ein großes System, das in dein Gehirn eingebettet ist und ständig und kraftvoll deine Stimmung, dein Selbstwertgefühl, deine Erwartungen und Reaktionen beeinflusst. Dieses Kind in dir ist im Kern deines Wesens.

Wenn du dich für dieses Kind schämst, es peinlich findest, ihm gegenüber kritisch bist, es zu kontrollieren versuchst, es weghaben willst, es unter Druck setzt oder wütend auf es bist, wird das eine Wirkung darauf haben, wie du dich fühlst und wie du handelst. Deshalb wird es die tiefsten Bereiche deiner Psyche heilen und nähren, wenn du die kindlichen Anteile in dir sanft führst und dein inneres Kind in liebende Fürsorge hüllst.

Die ganze Sache mit dem inneren Kind kann zu einem oberflächlichen Konzept oder einfach nur sentimental werden. Sei ehrlich mit dir selbst. Für die meisten von uns war die Kindheit in irgendeiner Weise eine holprige Angelegenheit. Als Kind hast du dich wahrscheinlich verletzt gefühlt, wurdest enttäuscht, hast dich wie ein Versager gefühlt, wolltest Anerkennung und Liebe und hast sie nicht bekommen, hast einige große Träume hinter dir gelassen und hast aus der „Logik" eines Kindes Entscheidungen über dich selbst und das Leben getroffen. Das ist real. Es hatte reale Auswirkungen. Und du hast heute die reale Chance, der starke, weise und liebende Freund, Trainer und, ja, der Vater oder die Mutter zu sein, nach dem oder der du dich immer gesehnt hast.

So geht's

Öffne dich den Gefühlen, dass sich jemand um dich sorgt. Wende dich als Nächstes den Gefühlen zu, wenn du dich um einen Freund, ein Familienmitglied oder ein Haustier kümmerst. Verweile in diesem Gefühl von Interesse, Unterstützung und Pflege; lass es dein Herz und deinen Geist erfüllen. Dann bleibe in der Erfahrung der Fürsorge gegründet und werde selbst zum Ziel dieser Fürsorge, besonders du selbst als Kind.

Denke nun an deine Kindheit als Ganzes zurück und beginne mit deinen frühesten Erinnerungen. Verweile in der Erfahrung, nicht in der Geschichte darüber. Wie fühlte es sich an, ein kleines Kind zu sein? Oder in die Schule zu kommen? Wie war es im Gymnasium? Was waren deine glücklichsten Momente? Und die schlimmsten? Was lief in deiner Kindheit gut für dich – und was war schlecht? Wann fühltest du dich wirklich verstanden und unterstützt – und wann nicht? Was in dir erblühte in der Kindheit – und was wurde verletzt oder verwundet? Was für ein Kind warst du – vor allem tief innen? Wann zeigten sich deine besten Anteile? Was ist aus ihnen geworden?

Spüre, so gut du kannst, ein Gefühl der Fürsorge für dich selbst, wenn du dich diesen Fragen zuwendest. Bleibe bei deiner tatsächlichen Erfahrung als Kind, kritisiere und rechtfertige sie nicht und schäme dich vor allem nicht dafür. Das verwundete Kind in jedem von uns erwartet oft Ablehnung, deshalb hat es Angst, sein weinendes, verschnupftes, eingeschnapptes, quengeliges, bedürftiges, ängstliches oder wütendes Gesicht zu zeigen. Lehne dieses Kind bitte nicht ab. Es möchte sich zeigen, hat aber Angst davor. Schaffe einen sicheren Raum, so dass es sich *dir* zeigen kann.

Suche nach Möglichkeiten, um das Kind in dir zum Spielen nach draußen zu bringen. Mein Freund Leslie erzählte mir zum Beispiel, dass er nach Wyoming zog und dort wie ein großes Kind durch die Wildnis wanderte. Er versuchte nicht, irgendetwas zu erreichen und fühlte sich frei und erleichtert. Nimm öfter einen anderen Weg zur Arbeit; beginne oder kehre zurück zu einem Hobby: Gartenarbeit, ein Handwerk, Kunst, Musik oder Sport. Sei nicht immer so verdammt ernst und wichtig (das trifft auch für mich zu); mach mal etwas Komisches; spiele mit deinen Kindern; sei mal unordentlich; frage dein inneres Kind, was es wirklich tun will. Lass dich nicht von Gewohnheiten und scheinbaren Begrenzungen einengen. Erinnere dich, wie es sich als Kind am ersten Tag der Sommerferien anfühlte; in gleicher Weise liegt dein ganzes Leben vor dir: Habe Spaß damit!

Akzeptiere, dass du keine bessere Kindheit haben wirst. Ja, sei aktiv in deinen Beziehungen, um die angemessene Fürsorge in deinen Beziehungen zu bekommen. Aber dabei solltest du die Tatsache anerkennen, dass nur du und niemand sonst der wichtigste Fürsprecher, Trainer, Beschützer und Ernährer des Kindes in dir ist – und des Erwachsenen, zu dem sich dieses Kind entwickelt hat. Halte beide in deinem Herzen.

45

Schieß keine Pfeile

Ein gewisses Maß an körperlichem und mentalem Schmerz ist unvermeidlich. Ich erinnere mich, dass ich mit sechs Jahren auf einem vereisten Gehweg in Illinois ausrutschte und voll auf mein Steißbein fiel: autsch! Viel später, als ich fünfzig Jahre alt war, starb meine Mutter und das war eine andere Form von Schmerz. Um körperlich zu überleben, brauchen wir einen Körper, der uns sagt, wenn er krank oder verletzt ist. Um uns psychologisch und in unseren Beziehungen gut zu entwickeln, brauchen wir einen Geist, der Signale des Leidens zeigt – wie Einsamkeit, Wut oder Angst –, wenn wir abgelehnt, falsch behandelt oder bedroht werden.

Um eine Metapher des Buddha zu verwenden, können wir die unvermeidbaren Schmerzen des Lebens als die „ersten Pfeile" bezeichnen, von denen wir getroffen werden. Aber durch unsere *Reaktionen* auf diese Pfeile setzen wir dem Ganzen noch die Krone auf, d. h., wir verschlimmern alles und schaffen uns zusätzliches Leiden. Du könntest zum Beispiel auf Kopfschmerzen mit der Angst reagieren, dass es bedeutet, du hättest einen Hirntumor, oder auf eine Ablehnung in der Liebe könntest du mit harter Selbstkritik reagieren.

Zudem haben wir auch oft verärgerte Reaktionen, wenn eigentlich nichts Schlimmes geschehen ist. Du fliegst zum Beispiel in einem Flugzeug und alles ist in Ordnung, aber du machst dir Sorgen, dass es abstürzen könnte. Oder du triffst dich zu einem Rendezvous und es macht Freude, aber dann ruft er/sie einen Tag lang nicht an und du bist enttäuscht.

Aber das Absurdeste ist, dass wir manchmal auch auf *positive* Ereignisse negativ reagieren. Vielleicht hat dir jemand ein Kompliment gemacht, aber du hattest Minderwertigkeitsgefühle; oder dir wurde bei der Arbeit eine neue Möglichkeit eröffnet, und du machst dir Sorgen, ob du diese Aufgabe bewältigen kannst; oder jemand möchte die Freundschaft mit dir vertiefen, und du machst dir Sorgen, dass du den anderen enttäuschen könntest.

All diese Reaktionen sind „zweite Pfeile" – diejenigen, die wir selbst abschießen. Dazu gehören: übertriebene Reaktionen auf kleine Dinge; einen Groll hegen; sich rechtfertigen; in Schuldgefühlen ertrinken, nachdem du deine Fehler eingesehen hast; an lang vergangene Dinge denken; den größeren Kontext aus den

Augen verlieren; dir über Dinge Sorgen machen, die du nicht kontrollieren kannst und in deinen Gedanken vergangene Gespräche noch einmal durchgehen.

Die zweiten Pfeile übersteigen in ihrer Zahl bei Weitem die ersten Pfeile. Du stehst auf dem Schlachtfeld des Lebens und blutest vor allem aus selbst verursachten Wunden.

Es gibt genügend Pfeile im Leben, ohne die vielen Pfeile, die du hinzufügst!

So geht's

Akzeptiere die Unvermeidbarkeit der ersten Pfeile. Sie schmerzen, aber Schmerz ist der Preis des Lebens. Versuche, nicht mit Ärger auf den Schmerz zu reagieren, als wäre es eine Beleidigung, oder durch den Schmerz beschämt zu werden, als wäre es ein persönlicher Fehlschlag.

Wenn der Schmerz kommt, halte ihn in einem großen Raum des Gewahrseins. Um eine traditionelle Metapher zu verwenden: Stell dir vor, du schüttest einen großen Löffel Salz in eine Tasse Wasser und trinkst es – pfui. Und dann stell dir vor, du rührst diesen Löffel Salz in eine große Schüssel mit sauberem Wasser und trinkst eine Tasse davon: nicht so schlimm. Es ist die gleiche Menge Salz – der gleiche körperliche oder emotionale Schmerz –, aber nun in einem größeren Kontext gehalten und aufgelöst. Sei dir des Gewahrseins bewusst: Es ist wie der Himmel – Schmerz durchzieht das Gewahrsein, wie stürmische Wolken den Himmel, und das Gewahrseins selbst wird davon nie verunreinigt oder verletzt. Versuche, den Schmerz sein zu lassen, ohne darauf zu reagieren; das ist ein Schlüsselaspekt eines bedingungslosen inneren Friedens.

Beobachte die zweiten Pfeile. Wir können sie oft leicht sehen, wenn andere die Pfeile auf sich selbst schießen – und dann überlege, wie du Pfeile auf dich selbst schießt. Bringe nach und nach dein Erkennen der zweiten Pfeile in den gegenwärtigen Moment, damit du die Tendenz wahrnimmst, die zweiten Pfeile zu schießen – damit du schließlich in der Lage bist, diese zweiten Pfeile abzufangen, bevor du dich wieder selbst verletzt.

Ein zweiter Pfeil wird oft eine Kaskade von mentalen Reaktionen auslösen, wie ein Stein, der einen Berghang hinabrollt und in einer Kettenreaktion andere in Bewegung setzt. Um diesen Erdrutsch zu stoppen, beginne damit, deinen Körper so gut es geht zu entspannen. Das wird den beruhigenden parasympathischen Teil deines Nervensystems aktivieren und das sympathische Nervensystem und dessen Flucht-oder-Kampf-Reaktion abbremsen.

Versuche als Nächstes mehr Aspekte der schwierigen Situation zu sehen. Und gleichzeitig auch alle anderen Aspekte deines Lebens heute – besonders die Aspekte, die gut sind. Aufgrund der Vorliebe des Gehirns für Negativität verengt es sich und fixiert sich auf das Schlechte, deshalb muss man es dazu bewegen, die eigene Sicht zu weiten und auch das zu sehen, was richtig ist. Dieser Blick aus der Vogelperspektive, der das ganze Bild sehen kann, deaktiviert auch die neuralen Netzwerke, in denen die Grübeleien entstehen, die zum Schießen der zweiten Pfeile führen. Und dieser Blick auf das Ganze stimuliert auch die Kreisläufe an der Seite des Gehirns, die die Dinge so sein lassen können, wie sie sind, ohne darauf zu reagieren.

Wirf nicht noch mehr Scheite ins Feuer. Suche nicht nach noch mehr Gründen, dich zu sorgen, dich selbst zu kritisieren oder dich falsch behandelt zu fühlen. Werde nicht wütend auf dich selbst, weil du wütend auf dich selbst bist!

Wenn du diese zweiten Pfeile schießt, verletzt du vor allem dich selbst. Das Leiden in diesen zweiten Pfeilen – von leicht bis sehr intensiv – ist wirklich unnötig. Oder man könnte auch sagen: Schmerz ist unvermeidlich, aber Leiden ist eine Entscheidung.

46

Lass die Angst
vor Unvollkommenheit los

Überall gibt es „Unvollkommenheiten" und dazu gehören: Unordnung, schmutzige Kleidung, Unkraut,
Verkehrsstaus, ein verregnetes Picknick, Weinflecken
auf dem Teppich; Verletzungen, Krankheit, Behinderung, Schmerzen; Probleme, ungelöste Fragen, Begrenzungen, Verluste – das schließt auch die vielen
Probleme in menschlichen Beziehungen mit ein. Unvollkommenheiten sind auch Dinge, die beschädigt,
verschlissen oder zerbrochen sind; Fehler, falsche Entscheidungen, Verwirrung, Mangel an Klarheit; Krieg,
Hunger, Armut, Unterdrückung, Ungerechtigkeit.

Kurz gesagt, bedeutet Unvollkommenheit – so,
wie ich hier darüber spreche – eine Abweichung von
einem angemessenen Ideal oder Standard (z. B. Hun-
dekot am Schuh ist nicht ideal und auch, dass jeder
sechste Mensch auf der Welt hungert, ist nicht ideal).

Diese Abweichungen von einem Ideal haben Folgen, und es ist angemessen, etwas dagegen zu tun. Aber dabei belassen wir es oft nicht: Wir reagieren mit *Angst* – Unbehagen, Leiden, Nervosität, Beunruhigung, Stress – auf die Unvollkommenheit selbst, statt sie als einen normalen, unvermeidlichen und weitverbreiteten Aspekt des Lebens zu sehen. Statt mit den Bedingungen umzugehen, so wie sie sind – Unkraut, Verletzungen, Konflikte mit anderen – und einfach auf sie zu reagieren, verfangen wir uns in Sorgen darüber, was sie bedeuten und werden mürrisch, fühlen uns als Verlierer, werden rechthaberisch und verurteilend, beschuldigen uns selbst und andere und fühlen uns als Opfer und enttäuscht/falsch behandelt/betrogen.

Diese Reaktionen auf die Unvollkommenheit sind starke zweite Pfeile (wie ich sie im vorhergehenden Kapitel beschrieben habe). Durch sie fühlst du dich viel schlechter, als es angemessen ist. Diese Reaktionen führen zu Problemen in deinen Beziehungen mit anderen und machen es schwieriger, der Situation entsprechend zu handeln.

Und das ist die Alternative: Lass die zerbrochene Tasse eine zerbrochene Tasse sein und füge keine Urteile, Widerstände, Schuldzuweisungen oder Sorgen hinzu.

So geht's

Unternimm angemessene Anstrengungen, um die Dinge zu verbessern, aber erkenne, dass es unmöglich ist, etwas zu vervollkommnen. Selbst die ausgefeilteste Technik kann keinen *vollkommen* flachen Tisch herstellen. Du kannst deine Persönlichkeit, Gedanken oder Verhaltensweisen einfach nicht vervollkommnen – das wäre so, als würdest du versuchen, Götterspeise zu polieren. Du kannst auch andere Menschen oder die Welt nicht vervollkommnen. Öffne dich dieser Tatsache: Du kannst die Menschen, die du liebst, nicht vollkommen beschützen oder all deine Gesundheitsrisiken ausschalten oder Menschen davon abhalten, dumme Dinge zu tun. Dieses Öffnen fühlt sich vielleicht am Anfang bitter oder traurig an, aber dann spürst du wahrscheinlich eine Brise frischer Luft, eine Freiheit und ein Aufsteigen von Energie, um die Dinge zu tun, die du tun *kannst* – jetzt, da du nicht mehr durch Hoffnungslosigkeit behindert wirst, die du spürst, wenn du alles perfektionieren willst.

Wir brauchen Standards und Ideale – vom Strafraum beim Fußball bis zu den großen Zielen der Weltreligionen –, aber wir müssen sie leicht nehmen. Ansonsten beginnen sie, in deinem Geist ein Eigenleben zu führen, wie kleine Tyrannen, die Befehle brüllen: „Du *musst* das tun, es ist *schlecht,* jenes zu tun." Achte auf Rechtfertigungen, auf selbstbezogenes moralisierendes Bestehen auf deiner eigenen Sicht, wie du, andere und die Welt sich verhalten sollten. Prüfe, ob du Tendenzen zum Perfektionismus hast – bei mir ist das so und ich muss sorgfältig darauf achten, sonst wird es schwierig, mit mir zusammenzuleben oder zusammenzuarbeiten, und ich bin auch innerlich unglücklich.

Und es gibt viele Dinge, die nicht in feste Standards passen. Könnte es jemals eine perfekte Rose oder ein perfektes Kind geben? In diesen Fällen ist die Angst vor Unvollkommenheit absurd – was auch für die Versuche zutrifft, deinen Körper, deine Karriere, deine Beziehungen, deine Familie, dein Unternehmen oder deine spirituelle Praxis zu perfektionieren. Nähre all diese Dinge, hilf ihnen, sich zu entfalten, aber gib die Versuche auf, sie vervollkommnen zu wollen.

Denn im Grunde sind alle Bedingungen, egal, wie unvollkommen sie sind, vollkommen, so wie sie sind: Das Bett ist perfekt ungemacht, die Milch wurde perfekt verschüttet. Ich meine nicht, dass es in pragmatischem oder moralischem Sinne „vollkommen" wäre – denn es wäre auch perfekt, ein Hemd zu zerreißen oder einen Krieg zu beginnen –, sondern dass alle Bedingungen zutiefst und im Grunde sie selbst sind. In diesem Sinne ist alles, was ist – von schmutzigen Windeln und den alltäglichen Problemen bis zu

Krebs und Flugzeugabstürzen –, in diesem Moment das Ergebnis der vollkommenen Entfaltung des gesamten Universums. Versuche, diese Entfaltung als einen umfassenden objektiven Prozess zu sehen, in dem unsere persönlichen Wünsche genauso viel Bedeutung haben, wie ein Schaumfleck für den Pazifischen Ozean. Im Lichte dessen sind Vollkommenheit und Unvollkommenheit keine bedeutungsvollen Unterscheidungen mehr. Es sind Dinge in sich selbst, ohne unsere Bezeichnung als gut oder schlecht, schön oder hässlich, perfekt oder nicht. Dann gibt es keine Angst vor Unvollkommenheit; was bleibt, ist Einfachheit, Direktheit, Begegnung – und Frieden.

47

Sei empfänglich und nicht reaktiv

Als Beschreibung einer komplexen Entwicklung können wir vereinfachend sagen, dass sich das Gehirn in drei Stufen entwickelt hat:

- Reptilien, Fische: Hirnstamm, konzentriert auf das *Vermeiden* von Leid

- Säugetiere, Vögel: limbisches System, konzentriert auf die *Anziehung* durch Angenehmes

- Menschen: Kortex, konzentriert auf das *Anhaften* an „uns"

Egal, ob ein Mensch ein psychopathischer Krimineller oder ein Heiliger ist, diese drei Systeme – Vermeidung, Anziehung und Anhaftung – sind immer aktiv. Der springende Punkt ist, ob sie in positiver Weise aktiv sind – so dass sie Glück unterstützen und uns selbst und anderen nützen – oder in einer negativen Weise, die zu Leiden und Verletzung führt.

Was geschieht im Gehirn, wenn diese Systeme in einer positiven Weise funktionieren – wenn wir uns gut fühlen, vielleicht sogar im Flow sind, uns selbst verwirklichen oder uns spirituell entwickeln? Die Antwort ist wichtig, denn dann können wir die neuralen Netzwerke, die diesen positiven Geisteszuständen zugrunde liegen, gezielt stimulieren und sie dadurch stärken.

Wenn das Leben uns nicht durchschüttelt – mit anderen Worten, wenn du dich sicher, erfüllt und geliebt fühlst –, ist das Vermeidungssystem des Gehirns *ruhig* (um es mit einem Wort zu benennen), das Anziehungssystem ist *zufrieden* und das Anhaftungssystem ist *fürsorglich*. Das ist der empfängliche Modus des Gehirns, der uns erfreut, beruhigt und erneuert. Das ist die Ausgangsbasis, der Ruhezustand des Gehirns, und das ist in der Tat eine gute Nachricht.

Aber es gibt auch schlechte Nachrichten: Wir haben ebenfalls sehr empfindliche Mechanismen entwickelt, die die Kampf-oder-Flucht-Reaktion, den *reaktiven* Modus des Gehirns aktivieren. Und in diesem Modus fallen wir aus dem Grundzustand des Gehirns, unserem Zuhause, wenn wir Stress empfinden – sei der Grund dafür nun das Knurren eines Leoparden vor einer Million Jahren oder ein unfreundlicher Blick, den uns heute jemand am Mittagstisch zuwirft. Wenn wir uns auch nur subtil bedroht fühlen, dann wechselt das Vermeidungssystem den Gang zum *Hass* (um ein starkes, traditionelles Wort zu verwenden, das das ganze Spektrum von Angst und Wut umfasst). Wenn du in irgendeiner Weise frustriert oder enttäuscht bist, dann wechselt das Anziehungssystem zur *Gier* (die von Sehnsucht zu intensivem Zwang oder Abhängigkeit reichen kann). Und wenn du dich nur ein wenig abgelehnt oder entwertet fühlst, dann bewegt sich das Anhaftungssystem zum *Kummer* (von einem leichten Schmerz bis zu schrecklichen Gefühlen der Ablehnung, Wertlosigkeit oder Einsamkeit).

Der reaktive Modus war eine großartige Methode, um unseren Vorfahren in der Wildnis das Überleben zu sichern, und er ist auch heute noch in Notsituationen nützlich. Aber dieser Modus hat eine negative Wirkung auf langfristige Gesundheit und andauerndes Glück. Jedes Mal, wenn das Gehirn den reaktiven Modus aktiviert – jedes Mal, wenn wir uns unter Druck fühlen, uns Sorgen machen, uns gereizt, enttäuscht, betrogen, nicht gesehen oder traurig fühlen –, wird die gleiche Stressmaschinerie ausgelöst, die sich entwickelt hat, um den Angriffen von Löwen oder der tödlichen Aggression anderer Primaten oder Menschen zu entkommen.

Mit den meisten Aktivierungen des reaktiven Modus – die uns aus dem Grundzustand herausbringen – können wir gut umgehen. Aber im Leben der meisten Menschen geschehen sie so oft und unerbittlich, dass wir eine Art innere Heimatlosigkeit entwickeln, die unser neuer Normalzustand werden kann. Und das fühlt sich ziemlich schlecht an und ist zudem negativ für die körperliche Gesundheit, denn chronischer Stress führt zu einer Schwächung des Immunsystems, zu Verdauungsstörungen, zu einer Fehlregulierung der Hormone und zu einem erhöhten Risiko für einen Herzinfarkt oder einen Schlaganfall. Stress schwächt ebenfalls unsere mentale Gesundheit und das führt zu: Pessimismus, trauriger Stimmung und Depression; stärkerer Angst und Reizbarkeit; „erlernter Hilflosigkeit". Wir ziehen den Kopf ein, gehen auf Nummer sicher, machen unsere Träume kleiner, halten uns noch enger an unserem „wir" fest und haben Angst vor den „anderen" – und im Extremfall beuten wir sie aus oder greifen sie an.

Deshalb sollten wir den Weg nach Hause finden.

So geht's

Dieses Buch ist voll mit Übungen, um Ruhe, Zufriedenheit und Fürsorge zu kultivieren – und in *Das Gehirn eines Buddha* und in den Schriften und Lehren vieler Menschen gibt es weitere gute Methoden. Ich möchte mich hier also nicht auf eine bestimmte Möglichkeit, den empfänglichen Modus des Gehirns zu aktivieren, konzentrieren. Das wichtigste Element besteht darin, dass wir es zu einer *Priorität* machen, uns gut zu fühlen, indem wir jeden Tag nach Gelegenheiten für inneren Frieden, Glück und Liebe suchen und all die kleinen Augenblicke nutzen, um uns mit Wohlbefinden zu umgeben.

Denn es gibt noch mehr gute Neuigkeiten: Jedes Mal, wenn wir im empfänglichen Modus des Gehirns ruhen, wird es leichter, wieder dorthin zurückzukommen. Der Grund dafür ist, dass „Neuronen, die zusammen aktiviert werden, sich miteinander vernetzen": Die Stimulierung der neuralen Substrate der Ruhe, Zufriedenheit und Fürsorge *stärkt* sie. Und dadurch werden wir nicht mehr so oft von zu Hause, aus unserem Grundzustand, vertrieben. Wir verlängern sozusagen den Kiel unseres mentalen Segelbootes, und egal, wie stark der Wind des Lebens weht, wir können aufrecht bleiben, kentern nicht und können sogar auf den Leuchtturm unserer Träume zusteuern.

Das Wunderbare dabei ist, dass die Ziele der Lebensreise – inneren Frieden, Glück und Liebe zu erfahren und zum Ausdruck zu bringen – zum Weg werden, auf dem wir diese Ziele erreichen. Und als Folge dessen nehmen wir, in einer traditionellen Metapher gesprochen, die Frucht des Weges als den Weg selbst. Statt uns mit Mühe und Verzweiflung den Berg hinauf zu mühen, kommen wir nach Hause – auf die Wiese des natürlichen Zustandes unseres Gehirns. Und dann können wir diesen Ort in jeder Minute, die wir dort verbringen, nähren, erweitern und verschönern. Wie man in Tibet sagt: „Wenn du dich um die Minuten kümmerst, dann werden sich die Jahre um sich selbst kümmern."

48

Nimm es nicht persönlich

Dies ist die aktuelle Version einer Parabel des alten taoistischen Meisters Dschuang Dsi: Stell dir vor, du würdest mit einem Kanu auf einem langsam dahinfließenden Fluss fahren, um mit Freunden ein Sonntagspicknick zu machen. Plötzlich hörst du einen lauten Schlag an der Seite des Kanus und es kentert. Was siehst du, wenn du hastig wieder nach oben kommst? Jemand hat sich an dein Kanu angeschlichen und es umgedreht, um dir einen Streich zu spielen. Wie fühlst du dich?

Okay. Stell dir nun die gleiche Situation noch einmal vor: die Sachen für das Picknick im Kanu, den lauten Schlag, das Eintauchen in den Fluss, das hastige Hochkommen. Aber was siehst du jetzt? Ein großer Baumstamm ist stromabwärts getrieben und hat dein Kanu gerammt. Wie fühlst du dich dieses Mal?

In beiden Fällen sind die Tatsachen dieselben: Dir ist kalt, du bist nass und das Picknick ist ruiniert. Aber wenn du den Eindruck hast, dass du persönlich das Ziel warst, dann fühlst du dich wahrscheinlich schlechter. Aber im Grunde ist es so, dass die meisten Dinge, mit denen wir im Leben zusammenstoßen – einschließlich der emotionalen Reaktionen anderer Menschen, Verkehrsstaus, Krankheit oder ungerechte Behandlung an der Arbeitsstelle –, wie ein unpersönlicher Baumstamm sind, der von unzähligen Ursachen stromaufwärts in Bewegung gesetzt wurde.

Nehmen wir an, dass ein Freund überraschend kritisch auf dich reagiert. Natürlich tut es weh und du willst mit der Situation umgehen – ob du es nun ansprichst oder die Beziehung beendest.

Denk dabei aber auch daran, was den Menschen dazu veranlasst hat, so mit dir zusammenzustoßen: Es könnte eine falsche Interpretation deines Handelns sein, Gesundheitsprobleme, Schmerz, Sorgen oder Wut über Dinge, die nichts mit dir zu tun haben. Der Grund könnte sein Temperament, Erfahrungen in der Kindheit, kulturelle Einflüsse, wirtschaftliche Faktoren oder Ereignisse in der Welt sein. Es könnten auch Ereignisse sein, die weit in der Zeit zurückliegen, wie die Art und Weise, wie seine Eltern aufgewachsen sind.

Erkenne diese wunderbare Wahrheit, die uns Demut spüren lässt: Meistens sind wir Nebendarsteller im Drama anderer Menschen. Wenn du die Dinge so betrachtest, wirst du natürlicherweise ruhiger, stellst Situationen in den richtigen Kontext und verfängst dich nicht so sehr in mein, mich, mir. Dann fühlst du dich besser und kannst klarer sehen, was zu tun ist.

So geht's

△ ' Als Erstes: Habe Mitgefühl mit dir selbst. Von einem Baumstamm getroffen zu werden ist unangenehm. Wichtig ist aber auch, dass du angemessen und vorsorglich handelst. Halte die Augen offen für entgegenkommende Baumstämme, versuche ihre Wirkung zu reduzieren und repariere so gut du kannst dein „Boot" – eine Beziehung, deine Gesundheit, finanzielle Probleme, deine Karriere. Und denke vielleicht auch darüber nach, einen neuen Fluss zu finden!

Und zusätzlich:

- Achte darauf, wenn du etwas persönlich nimmst. Sei achtsam dafür, wie sich das anfühlt – und auch, wie es sich anfühlt, wenn du das Gefühl loslässt, persönlich das Ziel zu sein.

- Sei vorsichtig Vorurteile über die Absichten anderer zu fällen. Vielleicht haben sie es nicht „absichtlich" getan. Vielleicht gab es dir gegenüber aber auch eine negative Absicht, die mit vielen anderen Absichten vermischt wurde.

- Denke an die unzähligen Ursachen stromaufwärts. Frage dich: Was könnte hier noch eine Rolle spielen? Was geschieht im Geist und Leben des anderen? Was ist hier die größere Perspektive?

- Achte darauf, wenn du dich in deinen Anklagen gegenüber anderen Menschen verfängst, angetrieben von einem inneren Ankläger, der all die falschen Handlungen der anderen aufzählt – wenn sie etwas Ungerechtes gesagt haben, unfair gehandelt haben, dich kritisiert haben, dich wirklich, wirklich verletzt haben und die Ursache von Leiden für dich waren etc., etc. Es ist gut, andere klar zu sehen und es gibt auch einen Platz für moralische Urteile – aber diese ständigen Anklagen sind eine Art Obsession, durch die du dich schlechter fühlst und die die Wahrscheinlichkeit erhöht, dass du übertrieben reagierst und noch ein größeres Problem verursachst.

- Versuche, für die anderen Menschen Mitgefühl zu empfinden. Sie sind wahrscheinlich auch nicht besonders glücklich. Dein Mitgefühl für sie wird dich nicht schwächen oder sie moralisch freisprechen; in der Tat wirst du dich dadurch besser fühlen.

- Wenn du möchtest, kannst du im umfassenden Sinne das Loslassen des Selbst-Gefühls – von *ich* und *mich* und *mein* – erforschen. Achte zum Beispiel auf den Unterschied der Wahrnehmung: „Klänge sind zu hören" und „Ich höre". Oder zwischen „Gedanken sind anwesend" und „Ich denke". Beobachte, wie das Selbstgefühl sich in Ebbe und Flut bewegt – oft nimmt es zu, wenn Probleme zu lösen sind, und nimmt ab, wenn du Ruhe und Wohlbefinden erfährst. Diese Flüssigkeit des „Ich" im Geist korreliert mit dynamischen, vorübergehenden Aktivierungen im Gehirn; überall im Gehirn werden selbstbezogene Gedanken gebildet. Sie stoßen und drängeln sich mit anderen Gedanken, die nicht mit dem Selbst verbunden sind, in den neuralen Substraten des Bewusstseinsstromes (Gillihan und Farah, 2005; Legrand und Ruby, 2009). Erkenne, dass das „Ich" eher ein Prozess ist als eine Fähigkeit: ein „Selbsten". Genieße die Leichtigkeit und Offenheit, die entstehen, wenn das Selbstgefühl in den Hintergrund tritt.

Und – nimm wirklich das Gefühl der Stärke und des Friedens in dich auf, die entstehen, wenn du das Leben nicht so persönlich nimmst.

49

Fühle dich sicherer

Denke an diese beiden Fehlannahmen:

1. Du denkst, im Gebüsch ist ein Tiger, aber in Wirklichkeit ist dort gar keiner.

2. Du denkst, im Gebüsch ist kein Tiger, aber in Wirklichkeit ist dort einer, der zum Sprung ansetzt.

Die meisten von uns machen viel öfter den ersten Fehler als den zweiten, und das hat mehrere Gründe:

- Die Evolution hat uns ein ängstliches Gehirn gegeben. Um zu überleben und Gene weiterzugeben, ist es besser, tausendmal den ersten Fehler zu machen als den zweiten Fehler einmal zu begehen. Die Folge des ersten Fehlers ist grundlose Angst, aber die Folge des zweiten Fehlers könnte der Tod sein.

- Diese allgemeine Tendenz im menschlichen Gehirn wird noch durch unser Temperament –

einige Menschen sind von Natur aus ängstlicher als andere – und unsere Lebenserfahrungen (z. B. die Kindheit in einer gefährlichen Umgebung, die Erfahrung eines Traumas) verschlimmert.

- Wir sind überall von Medien umgeben und Nachrichten über Mordfälle, Katastrophen, ökonomische Umbrüche und schreckliche Dinge, die anderen Menschen zustoßen, dringen in unseren Geist – auch wenn unsere eigene lokale Situation wahrscheinlich viel ungefährlicher ist.

- Mit Methoden, die in der Geschichte immer wieder eingesetzt wurden, versuchen politische Gruppierungen die Macht zu erlangen oder zu erhalten, indem sie scheinbare Bedrohungen übertrieben darstellen.

Als Folge dessen haben die meisten von uns einen Papiertiger-Verfolgungswahn.

Sicher ist es wichtig, die echten Tiger im Leben zu erkennen, die in vielen Formen und Größen auf dich zukommen können: vielleicht eine bevorstehende Entlassung, ein Husten, der nicht weggeht, ein Teenager, der auf dem Dachboden Haschisch anbaut, ein Freund oder Kollege, der dich immer wieder enttäuscht oder die Gesundheitsrisiken des Rauchens.

Versuche, jede Tendenz zu sehen, die dich dazu verleitet, die Tiger zu übersehen oder zu minimieren. Und tue, was du kannst, um mit den echten Tigern zurechtzukommen.

Versuche währenddessen zu erkennen, wie du – und die meisten Menschen – gewohnheitsmäßig die Bedrohungen übertreibst und die Ressourcen in dir und in deiner Umgebung unterschätzt. Als Folge dessen fühlen sich die meisten von uns viel unsicherer als wir in Wirklichkeit sind. Zu den unglücklichen Resultaten zählen unangenehme Gefühle der Sorge und Angst; eine vorsichtige Haltung, in der wir uns nicht so weit strecken, wie wir es könnten; durch Stress bedingte Krankheiten; eine geringere Kapazität an Geduld oder Großzügigkeit gegenüber anderen; und eine stärkere Tendenz, schnippisch oder verärgert zu reagieren (der Motor von Aggression ist in den meisten Fällen die Angst). Es ist nicht gut, wenn wir ständig das Gefühl haben, als wäre die höchste Sicherheitsstufe ausgerufen worden.

Fühle dich stattdessen so sicher, wie du in Anbetracht von allem sein kannst.

So geht's

Einige Menschen werden verständlicherweise nervös, wenn es darum geht, sich sicherer zu fühlen –
denn dann nehmen wir unseren Schutz ab und die
Dinge können uns wirklich treffen. Wenn das auf
dich zutrifft, dann passe die Empfehlungen, die ich
im Folgenden gebe, an deine eigenen Bedürfnisse
an, wende sie in deiner eigenen Geschwindigkeit
an und sprich vielleicht mit einem Freund oder Berater darüber.

Es gibt in diesem Leben keine perfekte Sicherheit. Jeder von uns wird mit Krankheit, Alter und
Tod konfrontiert werden – und auch mit nicht so
dramatischen Erfahrungen, die trotzdem schmerz-
voll sein können. Und viele von uns müssen in ihrer
Gemeinschaft, am Arbeitsplatz oder zu Hause mit
unsicheren Bedingungen umgehen.

Aber unter Berücksichtigung all dieser Punkte:
Reflektiere im Innersten deines Herzens, ob du es
verdienst, dich sicherer zu fühlen, ob du dich zu sehr
gegen das Leben wehrst, dich zu sehr schützt, vorsich-
tiger, ängstlicher, erstarrter, zurückgezogener, engs-
tirniger oder reizbarer bist, als es eigentlich nötig ist.

Wenn die Antwort ja ist, dann gebe ich im Folgenden einige Möglichkeiten, um dir zu helfen, dich
sicherer zu fühlen, damit du ein inneres Gefühl der

Ruhe und des Selbstvertrauens entwickeln kannst, das mit der wahren Realität der Menschen und Umstände in deiner Umgebung übereinstimmt:

Denk an das Gefühl, mit jemandem zu sein, dem du wirklich wichtig bist.

- Erinnere dich an eine Zeit, in der du dich stark gefühlt hast.

- Erkenne, dass du in geschützten Umständen bist.

- Sammle im Geiste einige der Ressourcen in dir und in deiner Umgebung, die du nutzen könntest, um mit den Herausforderungen des Lebens umzugehen.

- Atme mehrmals lang aus und entspanne dich.

- Und unterstütze dich währenddessen selbst darin, dich geschützt, unterstützt, zu mehr fähig und sicherer zu fühlen. Und weniger vorsichtig, angespannt und ängstlich.

- Werde dir bewusst, wie es ist, dich sicherer zu fühlen, und lass diese guten Gefühle in dich einsinken, damit du dich in deinem Körper an sie erinnern kannst und in der Zukunft den Weg zurück zu ihnen findest.

Du kannst mit den oben genannten Methoden in allgemeiner Weise üben, zum Beispiel am Morgen und einige Male im Laufe des Tages, wenn du dazu tendierst, ängstlich zu sein. Wende die Methoden auch in spezifischen, beunruhigenden Situationen an, wie zum Beispiel, bevor du auf einer Versammlung sprichst, im Stau feststeckst, in ein Flugzeug steigst oder dich mit deinem Partner durch ein schwieriges Thema arbeitest. Sei auf deiner Seite, *hilf* dir selbst, um dich wenigstens ein wenig sicherer zu fühlen – und vielleicht sogar viel sicherer zu fühlen. Und dann beobachte, was geschieht. Und nimm es an, wenn die Situationen sich als gar nicht so schwierig erweisen, was meistens der Fall sein wird.

Und letztendlich ist da gar kein Tiger im Gebüsch.

50

Fülle das Loch in deinem Herzen

Wenn wir aufwachsen und uns als Erwachsene ent-wickeln, haben wir alle normale Bedürfnisse nach Sicherheit, Erfüllung und Liebe. Kinder brauchen beispielsweise ein Gefühl der Sicherheit, Jugendli-che brauchen ein wachsendes Gefühl der Autonomie und junge Erwachsene wollen attraktiv sein und ro-mantische Liebe erfahren. Wenn diese Bedürfnisse durch verschiedene „Angebote" erfüllt wurden – wie die Fürsorge der Eltern, das Vertrauen eines Lehrers, die Liebe eines Partners –, sinken die positiven Ge-fühle, die daraus entstanden, in die Erinnerung und werden zu Ressourcen für Wohlbefinden, Selbstre-gulation, Resilienz, Selbstwertgefühl und angemes-senes Handeln. So sollte die gesunde psychologische Entwicklung ablaufen.

Aber das funktioniert nicht immer so, oder? Im Leben der meisten Menschen (mich eingeschlos-sen) waren die verfügbaren Angebote oft dünn gesät:

Vielleicht waren deine Eltern beschäftigt, weil sie sich um deine Schwester gekümmert haben, die unter an Krankheit litt. Oder sie waren mit ihren eigenen Bedürfnissen und Konflikten beschäftigt, oder du bist als Kind oft umgezogen und hattest es schwer, mit Gleichaltrigen Freundschaften aufzubauen. Oder im Gymnasium herrschte eine noch schlimmere Situation als der normale soziale Albtraum, oder mögliche Partner hatten kein Interesse an dir, oder Arbeitsplätze stellten sich als frustrierend und entmutigend heraus, oder ... Mit anderen Worten, du hattest ein normales Leben.

Diese Mängel in den dünn gesäten Angeboten des Lebens hinterlassen *Lücken* oder Defizite bei wichtigen inneren Ressourcen. Ich war zum Beispiel ein oder zwei Jahre jünger als meine Klassenkameraden, was in meinen Beziehungen zu einem Mangel an Verbundenheit und Wertschätzung führte. Das führte in mir wiederum zu einem schwachen Selbstvertrauen und Selbstwertgefühl in Gruppensituationen, was sich bis ins Erwachsenenalter hinzog. Die Abwesenheit guter Dinge zieht in der Regel Konsequenzen nach sich.

Und so ist es auch mit der Anwesenheit schlechter Dinge. Wenn uns Schläge treffen – wenn wir mit Verlusten, falscher Behandlung, Ablehnung, Verlust, Unglück oder Trauma konfrontiert werden –, bleiben *Wunden*. Manchmal heilen sie wieder vollständig, meist durch eine gute Versorgung mit Angeboten. Aber oft ist das nicht der Fall und dann bleiben Bereiche mit ungelöstem emotionalen Schmerz, wie Eiter unter dem Schorf, und das beeinträchtigt unser Leben – wie ein lebenslanges Hinken aufgrund eines gebrochenen Knöchels, der nie richtig zusammengewachsen ist.

Ein Mangel oder eine Wunde wird „ein Loch in deinem Herzen" hinterlassen – das sogar noch tiefer wird, wenn die beiden einander verstärken. Ich erinnere mich noch genau an eine Zeit im Gymnasium, als ein beliebtes Mädchen mich abgelehnt hat. Es war für sich genommen ein kleiner Schlag, aber meine jahrelange soziale Isolation hat mir keine Schutzhüllen oder Stoßdämpfer gegeben, um die Wirkung abzudämpfen, und dadurch habe ich mich noch lange Zeit danach schrecklich gefühlt.

Was können wir also tun, um mit unseren Mängeln und Wunden umzugehen? Wir haben sie; niemand ist davon ausgenommen. Das Leben selbst kann heilend sein. Zeit vergeht und jedes Jahr entsteht mehr Abstand zwischen dir und dem verletzenden Erlebnis: dem Zugunfall in der frühen Kindheit, der siebten Klasse, der ersten großen Liebe, der letzten Arbeitsstelle, der letzten Heirat oder was immer es gewesen sein mag. Und du entwickelst dich im Laufe der Zeit und erfährst bessere Umstände. Aber dieser im Grunde passive Prozess, in dem wir vom Leben getragen werden, ist oft nicht genug für eine tiefe Heilung: Er ist zu langsam oder geht nicht tief genug oder es fehlen wichtige Aspekte.

Und dann musst du das Loch in deinem Herzen *aktiv* füllen.

So geht's

Im Grunde ist es einfach: Du *nimmst gute Erfahrungen in dich auf* (2. Kapitel), die besonders auf deine eigenen Mängel und Wunden abzielen. Wie ein Seemann mit Skorbut brauchst du für die Linderung deines Leidens nicht Vitamin E, sondern Vitamin C. Als Kind habe ich mich zum Beispiel beschützt und autonom gefühlt, aber die Erfahrungen der Sicherheit und Autonomie halfen mir als Erwachsenem nicht beim Umgang mit meinem Problem: Ich brauchte das spezielle Heilbalsam von Erfahrungen der Zugehörigkeit und des Respekts in Gruppen.

Deshalb ist es wichtig, zu wissen, was unser eigenes Vitamin C ist (und manchmal braucht jemand mehr als eine Sorte von Vitaminen). Vielleicht weißt du schon, was du brauchst. Aber wenn du es noch nicht wissen solltest, dann möchte ich hier einige Fragen vorschlagen, die dir helfen können: Was hätte zu dem Zeitpunkt, als sich deine Mängel oder

Wunden gebildet haben, die betreffende Situation wirklich verändert? Wonach sehnst du dich heute? Welche Umstände helfen dir, dich wirklich glücklich zu fühlen – und bringen das Beste in dir zum Vorschein? Welche Erfahrungen nähren und beruhigen einen tiefen inneren Hunger?

Um noch etwas spezifischer zu werden, gebe ich hier eine Zusammenfassung einiger heilsamer Erfahrungen – Vitamine –, die sich auf bestimmte Mängel und Wunden beziehen und die hier im Zusammenhang mit den drei Motivationssystemen des Gehirns geordnet sind.

	Mangel oder Wunde	Vitamin
Verletzung vermeiden	Schwäche, Hilflosigkeit	Stärke, Effizienz
	Alarmbereitschaft, Angst	Sicherheit, Schutz
	Nachtragende Gefühle, Wut	Mitgefühl für sich selbst und andere
Anziehung durch An- genehmes	Frustration, Enttäuschung	Zufriedenheit Erfüllung
	Traurigkeit, Unzufriedenheit, Schwermut	Glück, Dankbarkeit
Anhaftung an „uns"	Nicht gesehen werden, ausgestoßen werden	Verbundenheit, Zugehörigkeit
	Minderwertigkeits- gefühle, Scham	Anerkennung, Wertschätzung
	Ablehnung, das Gefühl, nicht geliebt zu werden	Freundschaft Liebe

Wenn du etwas Klarheit darüber gewonnen hast, welche psychologischen Vitamine du brauchst, ergibt sich der Rest von selbst:

- Achte in deinem Leben auf diese Vitamine; und tu, was dir möglich ist, um sie zu schaffen oder zu verstärken. Ich halte zum Beispiel meine Augen offen für Gelegenheiten, mich in Gruppen gemocht und angenommen zu fühlen. Und ich motiviere mich, selbst in Gruppen zu gehen, um diese Gelegenheiten zu schaffen.

- Das Vitamin, das du brauchst, ist eine *Erfahrung* und kein Ereignis. Der wichtige Aspekt in Situationen, in denen du wirklich beschützt, erfolgreich oder wertgeschätzt bist, liegt darin, dass du dich sicher, erfüllt und wertvoll *fühlst*. Das ist sehr hoffnungsvoll, weil es dir viele Wege eröffnet, um diese wichtigen Erfahrungen hervorzurufen. Wenn das Loch in deinem Herzen dadurch gefüllt wird, dass du spürst, du bist anderen wichtig, dann könntest du: nach Hinweisen dafür suchen, dass andere Menschen dir wohlgesinnt sind – es könnte ein Lächeln von der Bedienung in einem Bistro sein, die dir ein Sandwich zubereitet, die Unterstützung durch einen Kollegen oder die Umarmung eines geliebten Menschen. Denk an die vielen Menschen in deinem Leben heute und in der Vergangenheit, die dich mögen und schätzen. Bitte deinen Partner/deine Partnerin liebevoll zu sein (und sei offen, um dir anzuhören, was ihm oder ihr dabei helfen würde). Versuche, mehr Beziehungen mit Menschen zu entwickeln, die von Natur aus warm und unterstützend sind.

- Sei bereit, ein Stück vom Kuchen zu bekommen, wenn die Alternative dazu ist, überhaupt keinen Kuchen zu bekommen. Wenn du zum Beispiel in deiner Arbeit ein schwieriges Projekt abgeschlossen hast, konzentriere dich auf das Gefühl, etwas erreicht zu haben, statt dich auf die wenigen negativen Aspekte zu konzentrieren. Wenn ein Freund/eine Freundin warmherzig und treu ist, öffne dich den Gefühlen, dass sich jemand um dich sorgt, auch wenn du eigentlich eine romantische Beziehung möchtest.

- Nutze den zweiten und den dritten Schritt beim *Aufnehmen des Guten* (2. Kapitel) und konzentriere dich zehn oder zwanzig Sekunden ohne Unterbrechung wirklich auf die positive Erfahrung, während du spürst, dass sie in dich einsinkt und dir gibt, was du immer schon wolltest.

- Habe das Vertrauen, dass jedes Mal, wenn du das tust, neue Ressourcen in deinem Gehirn verknüpft werden. Als ich in meinen frühen Zwanzigern selbst mit dieser Praxis begann, glich das Loch in meinem Herzen der Baustelle für ein Hochhaus. Aber ich habe seitdem einfach ein paar Steine – ein paar Erfahrungen eines Gefühls der Zugehörigkeit – in das Loch geworfen. Ein Stein allein macht kaum einen Unterschied, aber Stein für Stein kannst du Tag für Tag, Jahr für Jahr selbst ein sehr großes Loch in deinem Herzen füllen!

51

Lass los

Ich bin ein begeisterter Bergkletterer, deshalb weiß ich, wie wichtig es ist, manchmal nicht loszulassen! Das trifft auch für andere Dinge zu: beim Überqueren der Straße die Hand eines Kindes nicht loslassen, in einer schwierigen Situation deinen ethischen Grundsätzen treu bleiben oder beim Meditieren die Aufmerksamkeit auf dem Atem halten.

Aber denke andererseits an all die Dinge – sowohl physisch als auch nicht-physisch –, an denen wir in einer Weise festhalten, dass es für uns und andere Schwierigkeiten schafft: unaufgeräumte Sachen zu Hause; Dinge, die wir tun „sollen"; engstirnige Ansichten; nachtragende Gedanken; Bedauern; ein bestimmter Status; Schuld; Widerstand gegen die offensichtlichen Tatsachen; das Bedürfnis, anderen überlegen zu sein; die Vergangenheit; Verstorbene oder Menschen, die uns verlassen haben; schlechte

Gewohnheiten; Gäste, mit denen wir nicht ins Gespräch kommen; Beziehungen, die nicht mehr lebendig sind, usw.

Loslassen kann Verschiedenes bedeuten: Schmerz loslassen; Gedanken, Wörter und Handlungen fallen lassen, die zu Leiden und Verletzung führen; nachgeben statt zerbrechen; sich den Dingen hingeben, so wie sie sind; jedem Moment erlauben, zu vergehen, ohne den Versuch, daran festzuhalten; die ständig unbeständige Natur der Existenz akzeptieren; und das Selbst-Gefühl entspannen und sich der großen Welt öffnen.

In dieser Weise zu leben ist entspannend, verringert die Probleme und Konflikte, vermindert Stress, verbessert die Stimmung und das Wohlbefinden und gründet uns in der Wirklichkeit, so wie sie ist. Und Loslassen ist auch ein Schlüsselelement der spirituellen Praxis. Dieses Zitat stammt von dem großen buddhistischen Lehrer Ajahn Chan, der in Thailand lebte:

Wenn du ein bisschen loslässt, wirst du etwas Glück erfahren.

Wenn du viel loslässt, wirst du viel Glück erfahren.

Wenn du vollkommen loslässt, wirst du vollkommen glücklich sein.

So geht's

Erkenne die Weisheit des Loslassens an und spüre jeden Widerstand dagegen: Vielleicht scheint sie dich zu schwächen oder erscheint dir dumm oder im Widerspruch zur Kultur deines Geschlechts oder zu deinem persönlichen Hintergrund. Ich erinnere mich zum Beispiel an ein Gespräch mit meinem Freund John über eine Frau, mit der er gern eine Beziehung beginnen wollte, die ihm aber klar gemacht hatte, dass sie daran nicht interessiert sei. Daraufhin fühlte er sich frustriert und verletzt. Ich sagte, er sollte vielleicht aufgeben und weitergehen – worauf John heftig reagierte: „Ich gebe nie auf." Er brauchte einige Zeit, um seinen Glauben zu überwinden, dass Aufgeben – Akzeptanz, Loslassen – bedeutet, dass man Schwäche zeigt. (Es hatte ein gutes Ende: Wie betranken uns, woraufhin er auf meinen Schuh spuckte, was *ich* dann hinnehmen musste!) Loslassen erfordert Stärke – und Mut, Charakter und Einsicht. Wenn du loslässt, bist du wie eine biegsame und widerstandsfähige Weide, die sich im Sturm biegt und am Morgen immer noch da ist – im Gegensatz zu einer starren Eiche, die gebrochen wird und umstürzt.

Sei dir des Loslassens bewusst, das natürlicherweise den ganzen Tag über geschieht, wenn du zum Beispiel Dinge aus den Händen legst, wenn du ein Telefongespräch beendest, wenn du eine E-Mail sendest, wenn du dich im Geist von einem Gedanken oder Gefühl zum nächsten bewegst, wenn du einen Freund verabschiedest, wenn du deine Pläne über den Haufen wirfst, wenn du auf die Toilette gehst, wenn du den Fernsehsender wechselst oder wenn du den Mülleimer leerst. Achte darauf, dass das Loslassen in Ordnung ist, dass es notwendig und nützlich ist. Erlebe das Loslassen als etwas Angenehmes.

Lass bewusst die Spannung in deinem Körper los. Atme langsam und tief aus und aktiviere das parasympathische Nervensystem. Lass das Festhalten im Bauch, in den Schultern, im Kiefer und in den Augen los.

Wirf Dinge weg, die du nicht mehr benutzt oder brauchst. Spüre, wie gut es sich anfühlt, wenn du endlich etwas Raum im Schrank, in der Kammer oder in der Garage hast.

Wähle eine dumme Idee, an der du zu lange festgehalten hast – eine dieser Ideen wäre für mich, dass ich etwas perfekt machen muss, weil es ansonsten zur Katastrophe kommt. Übe dich darin, diese Idee fallen zu lassen und sie durch bessere Ideen zu ersetzen (für mich wäre das zum Beispiel: „Niemand ist perfekt und das ist in Ordnung").

Wähle eine Feindseligkeit, einen Groll oder ein Bedauern – und fasse den Entschluss, weiterzugehen. Das bedeutet nicht notwendigerweise, dass man andere moralisch freispricht, nur dass man in sich selbst das Feuer des Ärgers über das Geschehene loslässt. Wenn in Bezug auf diese Situationen immer noch Gefühle wie Verletzung aufkommen, dann gehe freundlich mit dir um und bitte sie sanft, das Haus zu verlassen.

Das Loslassen schmerzhafter Emotionen ist ein großes Thema, es gibt viele Ressourcen dafür in Büchern, wie *Focusing* von Eugene Gendlin und *Werde, was du bist* von Piero Ferrucci. Im Folgenden gebe ich eine Zusammenfassung von Methoden, die ich hilfreich finde: entspanne deinen Körper; stell dir vor, dass die Gefühle wie Wasser aus dir herausfließen; schreibe einen Brief, den du bisher versäumt hast; oder rufe an einem angemessenen Ort laut etwas aus, was du bisher immer zurückgehalten hast; sprich dich mit einem guten Freund aus; nimm positive Gefühle in dich auf, um dich zu trösten und nach und nach die schmerzvollen Gefühle zu ersetzen.

Nimm im Allgemeinen die angenehmen Dinge an, ohne daran zu haften. Nimm die unangenehmen Dinge an, ohne ihnen Widerstand zu leisten. Nimm die neutralen Dinge an, ohne von ihnen zu verlangen, dass sie angenehm werden sollten. Loslassen setzt das Begehren und Anhaften, das zu Leiden und Verletzung führt, außer Kraft.

Lass los, was du bisher glaubtest zu sein. Gib dir selbst den Raum, um zu lernen, zu wachsen und dich dadurch zu verändern.

Lass jeden Moment los, wenn er unter deinen Füßen verschwindet. Er ist schon vorbei, wenn du dir seiner bewusst wirst, wie eine Schneeflocke, die schmilzt, sobald du ihre Form siehst. Aufgrund eines Geheimnisses (das bisher wissenschaftlich noch nicht vollkommen verstanden wurde) können wir als das Loslassen verweilen: Der nächste Moment entsteht, wenn der vorherige Moment verschwindet – in der unmessbar kurzen Dauer des Jetzt.

52

Liebe

Wir wollen alle Liebe empfangen. Aber vielleicht begegnet sie uns in einer Form, die wir nicht wollen – vielleicht möchte jemand mit dir eine romantische Beziehung beginnen, aber du willst es nicht –, oder sie begegnet uns gar nicht. Dann spüren wir Kummer und Hilflosigkeit; wir können andere nicht dazu bringen, uns zu lieben.

Tu ganz sicher alles, was du kannst, um die Liebe zu bekommen, die du brauchst. Aber in dieser Praxis geht es darum, Liebe *zum Ausdruck zu bringen* – im Gegensatz zum Empfangen von Liebe. Wenn du dich auf die Liebe konzentrierst, die du gibst, anstatt auf die Liebe, die du bekommst, dann bist du die Ursache und nicht nur von den Effekten abhängig, du bist ein aktiver Mitspieler, statt nur Zuschauer – und das unterstützt dein Gefühl der Effizienz und des Selbstvertrauens und auch deine Stimmung. Und das ist ein erleuchtetes Selbstinteresse: Der beste Weg, um

Liebe zu bekommen, besteht darin, selbst zu lieben. Selbst wenn deine Liebe nicht erwidert wird, sie wird wahrscheinlich die Beziehung verbessern und helfen, die unruhigen Elemente darin zu besänftigen.

Manchmal machen wir uns Sorgen, dass wir verwundbar oder ausgenutzt werden, wenn wir liebevoll sind. Aber tatsächlich können wir in unserer eigenen Erfahrung sehen, dass Liebe nicht diese Wirkung hat: Wenn du Liebe gibst, wirst du geschützt und genährt. Spürst du nicht eine gehobene Stimmung und fühlst dich stärker, wenn du liebevoll bist?

Der Grund dafür ist, dass Liebe tief in der menschlichen Natur verwurzelt ist, sie ist tatsächlich in die DNA eingewoben. Als sich unsere Vorfahren entwickelten, unterstützen die Samen der Liebe in Primaten und Hominiden – wie die Verbundenheit zwischen Mutter und Kind, die Paarbeziehung, die Fertigkeiten der Kommunikation und Teamarbeit – das Überleben, so dass die Gene, die diese Eigenschaften förderten, weitergegeben wurden. Ein positiver Kreislauf entwickelte sich: Als sich „das Dorf, das nötig ist, um ein Kind zu erziehen," entwickelte und stärker wurde, konnte die Zeit der verwundbaren Kindheit länger werden. In diesem Zusammenhang vergrößerte sich auch das Gehirn, um diese längere Kindheit zu nutzen – und dadurch entwickelte sich eine höhere Liebesfähigkeit. Das Gehirn hat sich in

seiner Größe ungefähr verdreifacht, seit die Hominiden vor 2,5 Millionen Jahren begannen, Steinwerkzeuge herzustellen. Und ein großer Bereich dieser
neuen neuralen Bereiche ist mit der Liebe und damit
verbundenen Fähigkeiten verbunden.

Wir müssen Liebe geben, um gesund und ganz
zu sein. Wenn wir unsere Liebe verschließen, dann
verschließen wir unser ganzes Sein. Liebe ist wie
Wasser: Sie muss fließen. Andererseits staut sie sich,
stagniert und stirbt. Schau dir die Gesichter von
sehr liebevollen Menschen an: Sind sie nicht schön?
Liebevoll sein heilt alte innere Wunden und öffnet
ungenutzte Quellen von Energie und Talent. Liebe ist auch ein tiefer Weg des Erwachens und spielt
in den großen religiösen Traditionen der Welt eine
wichtige Rolle.

Die Welt *braucht* unsere Liebe. Die Menschen,
mit denen wir zusammenleben und mit denen wir
zusammenarbeiten, brauchen sie – und auch deine
Familie, Menschen nah und fern und dieser ganze ge-
schundene Planet. Unterschätze niemals die Wellen,
die sich nur von einem einzigen liebevollen Wort, Gedanken oder einer liebevollen Tat ausbreiten können.

So geht's

Liebe ist so natürlich wie der Atem, aber so wie der Atem kann sie auch behindert werden. Manchmal müssen wir sie zum Beispiel mit folgenden Methoden herauslassen, sie stärken und ihr helfen, freier zu fließen:

- Denk an die Erfahrung, mit Menschen zusammen zu sein, denen du wichtig bist, und *spüre*, dass sie dir gegenüber liebevoll sind. Lass dich von diesem Gefühl erfüllen, lass es dein Herz wärmen und dein Gesicht entspannen. Es ist in Ordnung, wenn entgegengesetzte Gedanken erscheinen (z. B. Ablehnung): Beobachte sie für einen Moment und kehre dann zum Gefühl zurück, dass jemand dir Fürsorge schenkt – das wird die neuralen Kreisläufe erwärmen, die eine liebevolle Haltung gegenüber sich selbst unterstützen.

- Spüre den Bereich in der Umgebung deines Herzens und denke an Dinge und Situationen, die bei dir herzliche Gefühle auslösen, wie Dankbarkeit, Mitgefühl und Freundlichkeit. Um Harmonie in die kleinen Veränderungen in den kurzen Intervallen zwischen zwei Herzschlägen zu bringen, atme so, dass deine Ein- und Ausatmung ungefähr gleich lang ist, denn die Einatmung beschleunigt den Herzschlag und die Ausatmung verlangsamt ihn. Es besteht nicht nur eine metaphorische Verbindung zwischen dem Herzen und der Liebe; das Herz-Kreislaufsystem und das Nervensystem sind im Körper so miteinander verschränkt, wie die Finger von Liebenden. Deshalb werden solche Übungen in dir ein tiefes Wohlbefinden fördern und du wirst mehr Wärme gegenüber anderen Menschen zum Ausdruck bringen.

• Stärke diese liebevollen Gefühle mit sanften Gedanken gegenüber anderen, wie zum Beispiel: *Ich wünsche dir alles Gute. Mögest du ohne Schmerzen leben. Mögest du in Frieden sein. Mögest du in Leichtigkeit leben.* Wenn du auf jemanden wütend bist, kannst du diese Reaktionen in deinem Gewahrsein halten und gleichzeitig liebevolle Gedanken senden, wie: *Ich bin wütend auf dich und werde nicht zulassen, dass du mich noch einmal verletzt – und trotzdem hoffe ich, dass du wahres Glück erfährst, und ich wünsche dir alles Gute.*

Es gibt die Vorstellung, dass eine absichtsvolle Liebe eine falsche oder zweitklassige Liebe sei. Aber gewollte Liebe ist in Wirklichkeit doppelte Liebe: Die Liebe, die du findest, ist authentisch, und es ist zutiefst fürsorglich, wenn wir mit Anstrengung Kontakt zu ihr aufnehmen und sie zum Ausdruck bringen.

Lieben bedeutet, mutig zu sein – die Wurzel des englischen Wortes für Mut, *courage,* kommt von dem englischen Wort für Herz, *heart.* Bei meinen Bergtouren bin ich in viele schwierige Situationen gekommen, aber ich hatte vielmehr Angst, bevor ich meiner ersten Freundin gestand, dass ich sie liebe. Es braucht Mut, Liebe zu geben, die uns vielleicht nicht erwidert wird. Oder in dem Wissen zu lieben, dass du eines Tages unvermeidlich von allem, was du liebst, getrennt werden wirst – dich ganz der Liebe hinzugeben und nichts zurückzuhalten.

Manchmal frage ich mich selbst: *Bin ich mutig genug, um zu lieben?*

Jeder Tag gibt mir und gibt dir viele Gelegenheiten für die Liebe. Wenn du nur eine Übung aus diesem Buch auswählst, dann sollte es die Liebe sein.

Literaturverzeichnis

Baumeister, R., Bratlavsky, E., Finkenauer, C., Vohs, K. (2001). Bad is stronger than good. *Review of General Psychology* 5:323–370.

Berridge, K. C., Robinson, T. E. (1998). What is the role of dopamine in reward: hedonic impact, reward learning or intense salience? *Brain Research Reviews* 28:309–369.

Davidson, R. J. (2004). Well-being and affective style: Neural substrates and biobehavioral correlates. *Philosophical Transactions of the Royal Sociey* 359:1359–1411.

Dusek, J. A., Out, H. H., Wohlhueter, A. L., Bhasin, M., Zerbini, L. F., Joseph, M. G., Bensopn, H., Libermann, T. A. (2008). Genomic counter-stress changes induced by the relaxation response. *PLoS ONE* 3:e2576.

Farb, N. A. S., Segal, Z. V., Mayberg, H., Bean, J., McKeon, D., Fatima, Z., Anderson, A. (2007). Attending to the present: Mindfulness meditation reveals distinct neural modes of self-reference. *Social Cognitive and Affective Neuroscience* 2:313–322.

Gillihan, S. J, Farah, M. J. (2005). Is self special? A critical review of evidence from experimental psychology and cognitive neuroscience. *Psychological Bulletin*, 131:76–97.

Goetz, J. L., Keltner, D., Simon-Thomas, E. (2010). Compassion: An evolutionary analysis and empirical review. *Psychological Bulletin*, 136:351–374.

Gottman, J. (1995). *Why Marriages Succeed or Fail: And How You Can Make Yours Last*. New York: Simon and Schuster.

Gu, Y., Nieves, J. W., Stern, Y., Luchsinger, J. A., Scarmenas, N. (2010). Food combination and Alzheimer disease risk: A protective diet. *Archives of Neurology* 67:699–706.

Guerrero-Beltran, C. E., Calderon-Oliver, M., Pedraza-Chaverri, J., Chirino, Y. I. (2010). Protective effect of sulforaphane against oxidate stress: Recent advances. *Experimental and Toxicologic Pathology*.

James, W. (1890). *The Principles of Psychology* (vol. 1). New York: Henry Holt.

Kabat-Zinn, J. (2003). Mindfulness-Based Interventions in Context: Past, Present, and Future. *Clinical Psychology: Science and Practice* 10: 144–156.

Kabat-Zinn, J., Lipworth, L., Burney, R. (1985). The clinical use of mindfulness meditation for the self-regulation of chronic pain. *Journal of Behavioral Medicine* 8:163–190.

Krikorian, R., Shidler, M. D., Nash, T. A., Kalt, W., Vinqvist-Tymchuk, M. R., Shukitt-Hale, B., Joseph, J. A. (2010). Blueberry supplementation improves memory in older adults. *Journal of Agriculture and Food Chemistry* 58:3996–4000.

Kristal-Boneh, E., Raifel, P., Froom, P., Ripak, J. (1995). Heart rate variability in health and disease. *Scandinavian Journal of Work, Environment, and Health* 21:85–95.

Lazar, S., Kerr., C., Wasserman, R., Gray, J., Greve, D., Treadway, M., McGarvey, M., Quinn, B., Dusek, J., Benson, H., Rauch, S., Moore, C., Fischl, B. (2005). Meditation experience is associated with increased cortical thickness. *NeuroReport* 16:1893–1897.

Leary, M., Tate, E., Adams, C., Allen, A., Hancock, J. (2007). Self-compasion and reactions to unpleasant self-relevant events: The implications of treating oneself kindly. *Journal of Personality* 92:887–904.

Legrand, D., Ruby, P. (2009). What is self-specific? Theoretical investigation and critical review of neuroimaging results. *Psychological Review* 116:252–282.

Maguire, E., Gadian, D., Johnsrude, I., Good, C., Ashburner, J., Frackowiak, R., Frith, C. (2000). Navigation-related structural change in the hippocampi of taxi drivers. *Proceedings of the National Academy of Sciences* 97:4398–4403.

Maier, S. F., Watkins, L. R. (1998). Cytokines for psychologists: Implications of bidirectional immune-to-brain communication for understanding behaviour, mood, and cognition. *Psychological review* 105:83–107.

McCullough, M. E., Kilpatrick, S. D., Emmons, R. A., Larson, D. B. (2001). Is gratitude a moral affect? *Psychological Bulletin* 127:249–266.

Neff, K. D. (2009). Self-Compassion. In M. R. Leary und D. B. Hoyle, Hrsg. *Handbook of Individual Differences in Social Bevavior* (Ss. 561–573). New York: Guilford Press.

Niedenthal, P.(2007). Embodying Emotion. *Science* 316:1002.

Nimitphong, H., Holick, M. F. (2011). Vitamin D, neurocognitive functioning and immunocompetence. *Current Opinion in Clinical Nutrition and Metabolic Care* 14:7–14.

Pecina, S., Smith, K. S., Berridge, K. C. (2006). Hedonic hot spots in the brain. *The Neuroscientist* 12:500–511.

Rondanelli, M., Giacosa, A., Opizzi, A., Pelucchi, C., La Vecchia, C., Montorfano, G., Negroni, M., Berra, B., Politi, P., Rizzo, A. M. (2010). Effect of Omega-3 fatty acids supplementation on the depressive symptoms and in health-related quality of life in the treatment of elderly woman with depression: A double-blind, placebo-controlled, randomized clinical trial. *Journal of the American College for Nutrition* 29:55–64.

Rozin, P., Royzman, E. B. (2001). Negativity bias, negativity dominance, and contagion. *Personality and Social Psychology Review* 5:296–320.

Schiepers, O. J. G., Wichers, M. C., Maes, M. (2005). Cytokines and major depression. *Progress in Neuro-Pharmacology & Biological Psychiatry* 29:210–217.

Seligman, M. E. P. (1972). Learned helplessness. *Annual Review of Medicine* 23:407–412.

Skarupski, K. A., Tangney, C., Li, H., Ouyang, B., Evans, D. A., Morris, M. C. (2010). Longitudinal association of vitamin B6, folate, and vitamin B12 with depressive symptoms among older adults over time. *The American Journal of Clinical Nutrition* 92:330–335.

Stein, D. J., Ives-Deliperi, V., Thomas, K. G. F. (2008). Psychobiology of mindfulness. *CNS Spectrum* 13:752–756.

Über den Autor

Rick Hanson, PhD, ist Neuropsychologe und Autor von *Das Gehirn eines Buddha,* das in zwanzig Sprachen erschienen ist. Er ist der Begründer des Wellspring Institut für Neurowissenschaft und kontemplative Weisheit und ist Mitarbeiter des Greater Good Science Center an der University of California, Berkeley. Er lehrte an den Universitäten Oxford, Harvard und Stanford und in Meditationszentren in verschiedenen Teilen der Welt und lebt mit seiner Familie in der Nähe von San Francisco. Weitere Informationen und Texte finden Sie unter www.rickhanson.net.

„Just 1 Thing" als Newsletter

Rick Hansons Newsletter erscheint auch in deutscher Sprache. Der Arbor Verlag versendet Ricks Beiträge zweiwöchentlich und kostenfrei.

arbor-verlag.de/just1thing

Weitere Literatur aus dem Arbor-Verlag

Rick Hanson mit Richard Mendius

Das Gehirn eines Buddha

Die angewandte Neurowissenschaft
von Glück, Liebe und Weisheit

Das Gehirn eines Buddha weist uns wirksame Wege,
wie wir Liebe, Weisheit und wahres Glück in unserem
Leben erfahren können, und erklärt uns auch physio-
logisch, wie und warum das funktioniert.
Der Strom unserer Gedanken formt unser Gehirn
und vermag uns so, neue Möglichkeiten, Handlungs-
räume und Gefühlswelten zu eröffnen – oder auch
zu verschließen. Demgemäß lautet die grundlegende Botschaft aktueller neurobiologischer Forschung:
„Indem du dein Gehirn verändern kannst, kannst du
dein Leben ändern."
Gestützt auf jüngste Forschungsergebnisse zeigt uns *Das
Gehirn eines Buddha* auf, wie wir unser Gehirn stimulieren und stärken können, um zu erfüllenderen Beziehungen und zu einem stärkeren Gefühl von innerem
Vertrauen und Wert zu finden.

ISBN 978-3-86781-025-8

Christopher Germer

Der achtsame Weg zur Selbstliebe

Wie man sich von destruktiven Gedanken und
Gefühlen befreit

Bereits ein Augenblick, in dem wir mitfühlend und
liebevoll mit uns selbst umgehen, kann unseren Tag
verändern und viele solcher Momente können un-
serem Leben eine ganz neue Richtung geben. Die
Befreiung aus der Falle destruktiver Gedanken und
Gefühle durch mitfühlende Selbstliebe kann unsere
Selbstachtung von innen heraus stärken und sogar
Depressionen und Ängste vertreiben.

Erfahren Sie, wie Sie sich dieses Mitgefühl und diese Liebe entgegenbringen können, wenn Sie sie am
dringendsten brauchen: Wenn Sie vor Scham fast
vergehen, wenn Sie vor Wut oder Angst die Fäuste
ballen oder sich zu verletzlich fühlen, um ein weiteres
Familientreffen zu überstehen.

*„In diesem wichtigen Buch erhellt Christopher Germer
die unendliche Vielzahl von Synergien, die zwischen
Achtsamkeit und Mitgefühl bestehen. Er zeigt effektive
Wege auf, wie wir auf geschickte Weise sicherstellen können, dass wir uns selbst einladen, im liebevollen Herzen
des Gewahrseins selbst zu verweilen.“*

Jon Kabat-Zinn

ISBN 978-3-86781-011-1

Jeffrey Schwartz & Rebecca Gladding

Du bist mehr als dein Gehirn

Die Vier-Schritt-Lösung, um Gewohnheitsmuster zu durchbrechen, ungesunde Denkweisen abzulegen und Kontrolle über das Leben zu gewinnen

Du bist mehr als dein Gehirn ist ein Programm, das erfolgreich erklärt, wie unser Gehirn funktioniert und warum wir manchmal das Gefühl haben, die Kontrolle über unsere Gedanken und Gefühle verloren zu haben. Diese unangenehme Erfahrung – ganz gleich, ob sie sich in Form von Angst, selbstabwertenden Gedanken, Panikattacken oder Maßlosigkeit zeigt – ist unnötig. Sie ist nicht charakteristisch für uns und vor allem: Sie braucht nicht länger unser Leben zu kontrollieren!

Du bist mehr als dein Gehirn bringt auf den Punkt, warum wir von Gewohnheiten geplagt werden, die uns von unseren Zielen und Wünschen entfremden, und zeigt uns Schritt für Schritt, wie wir in unserem Gehirn neue, konstruktive Wege bahnen können. Zwei erfahrene Gehirnforscher zeigen, wie wir uns in vier einfachen Schritten von ungesunden Gedanken und Handlungen befreien können – und wie wir schlechte Angewohnheiten durch gute ersetzen können.

ISBN 978-3-86781-076-0

Bob Stahl & Elisha Goldstein

Stressbewältigung durch Achtsamkeit

Das MBSR-Praxisbuch

Stress und Schmerzen sind im täglichen Leben fast unvermeidbar, sie sind Teil unseres menschlichen Seins. Doch Stress führt oftmals dazu, dass wir uns gereizt, angespannt, überwältigt und ausgebrannt fühlen.

Es geht auch anders!

Lernen Sie in Stressbewältigung durch Achtsamkeit, wie Sie ungesunde Gewohnheitsmuster durch achtsame Gewohnheiten ersetzen können – eine Fähigkeit, die Sie ein Leben lang begleiten kann. Der Schlüssel zur Wahrung der Balance liegt darin, auf Belastungen nicht mit Frustration und Selbstkritik zu reagieren, sondern mit einem achtsamen nichturteilenden Gewahrsein unseres Körpers und der Aktivitäten unseres Geistes. Unmöglich? Tatsächlich ist es viel einfacher, als es scheint!

Mit einem Vorwort von Jon Kabat-Zinn

ISBN 978-3-86781-017-3

Andreas Knuf

Ruhe da oben!

Der Weg zu einem gelassenen Geist

Manchmal führt unser Geist sein eigenes Leben.
Unendlich vielfältig schwirren uns dann die Gedanken durch den Kopf, ziehen uns in ihren Bann und begeistern uns für neue Welten. Doch dann finden sie mal wieder kein Ende und es wird des Guten zu viel. Wenn nachts um vier unser rastloser Geist seine eigenen Wege geht, können wir erleben, wie uns unsere Gedanken und Gefühle fest im Griff haben. Wie eingefroren wird es uns dann unmöglich, diesen Augenblick zu genießen.
Zurück zur Energie des einfachen Seins.
Doch in Wirklichkeit sind wir weit mehr: Wir sind die beglückende Freude, die entsteht, wenn wir einfach nur in der Gegenwart sind, und von der wir gar nicht recht wissen, woher sie eigentlich kommt. Wir sind unser offenes Herz, das alles annehmen kann. Wir sind die innere Stärke und Gelassenheit, die auch mit schwierigen Situationen zurechtkommt. Und wir ahnen: In der Welt jenseits der Gedanken können wir zurück „nach Hause" finden, zu uns selbst.

ISBN 978-3-86781-032-6

Jon Kabat-Zinn

Zur Besinnung kommen

Die Weisheit der Sinne und der Sinn der Achtsamkeit in einer aus den Fugen geratenen Welt

Wir haben weitgehend den Kontakt verloren zur wahren Wirklichkeit dessen, was wir in unserer Tiefe und in allen unseren Möglichkeiten sind; ebenso zu unserem Körper und zu den „Körperschaften" unserer gesellschaftlichen und politischen Institutionen. Diese Entfremdung von dem, was wirklich ist, macht uns und unsere Gesellschaft auf die Dauer krank. Das Tor, durch das wir erneuten Zugang zu unserem inneren Potential, zu unserem Körper, unseren Gefühlen, unseren Mitmenschen und unseren Organisationen gewinnen können, ist das unserer Sinne – und zu denen zählt der Autor aus buddhistischer Sicht auch den denkenden Geist.

Der Königsweg zu dieser Belebung der Weisheit der Sinne ist die Achtsamkeit. Ihre heilsame Kraft ist in der buddhistischen Meditationspraxis seit zweieinhalb Jahrtausenden erforscht, erprobt und angewendet worden. Dieses Buch zeigt, wie wir mit Hilfe dieser Praxis wieder zur Besinnung kommen und mit allen Sinnen zu einem gesunden und erfüllten Leben in der Gemeinschaft finden können.

ISBN 978-3-936855-82-1

Online.

Umfangreiche Informationen zu unseren
Themen, ausführliche Leseproben aller
unserer Bücher, einen versandkostenfreien
Bestellservice und unseren kostenlosen
Newsletter. All das und mehr finden Sie auf
unserer Website.

www.arbor-verlag.de

Mehr von Rick Hanson:

www.arbor-verlag.de/rick-hanson